乡村文创设计

RURAL CULTURAL AND CREATIVE DESIGN

闫承恂 主编

化学工业出版社
·北京·

内 容 简 介

本书根据作者在乡村文创设计方面的实践与思考写作而成，是作者及研究生团队近年来工作的总结。全书共分7章，分别从乡村文创品牌设计、乡村文创产品设计、乡村文创标志设计、乡村文创字体设计、乡村文创IP形象设计、乡村文创插画设计以及乡村文创设计案例分析入手，以乡村文创产品设计为核心，以品牌设计理论为指导，将前沿的设计理论与乡村文创实践相结合，兼具理论性与实践性。

本书可为学习文创设计的学生和文创设计师提供借鉴与参照。

图书在版编目（CIP）数据

乡村文创设计／闫承恂主编． — 北京：化学工业出版社，2023.7（2025.1重印）
ISBN 978-7-122-43337-4

Ⅰ．①乡… Ⅱ．①闫… Ⅲ．①旅游产品-产品设计-研究-中国 Ⅳ．①F592-6

中国国家版本馆CIP数据核字（2023）第071035号

责任编辑：徐 娟　　　　　　　　　　　封面设计：王晓宇
责任校对：王 静　　　　　　　　　　　装帧设计：中海盛嘉

出版发行：化学工业出版社（北京市东城区青年湖南街13号　邮政编码100011）
印　　装：涿州市般润文化传播有限公司
787mm×1092mm　1/16　印张9　字数200千字　2025年1月北京第1版第2次印刷

购书咨询：010-64518888　　　　　　　　售后服务：010-64518899
网　　址：http://www.cip.com.cn
凡购买本书，如有缺损质量问题，本社销售中心负责调换。

定　价：58.00元　　　　　　　　　　　　　　　　　　　　　版权所有　违者必究

前言

乡村文创是乡村产品与文化创意相结合的产物,可以促进乡村原有相关产业向文创产业转型,加速乡村一、二、三产业的融合发展,也有利于乡村地域文化的传承,提升乡村文化软实力,推动乡村振兴。乡村文创要完成新兴产业的开发,关键在于打造具有核心竞争力的乡村文创品牌。这就需要建立科学的、正确的品牌理念,遵循市场规律,造就独特的文化品牌符号或旗帜性标志物。一个成功的乡村文创品牌需要进行多样的开发与创新,强化乡村文创产品的创新设计,加强品牌文化内涵,通过市场调研、信息整合、市场定位、产品设计与生产、品牌塑造、营销推广等环节进行构建,打造核心品牌影响力。乡村文创设计应以品牌设计为引领,以产品设计为核心,配合具有统一风格的标志、字体、IP形象、包装、插画等载体,构建完整的富有活力的乡村文创品牌视觉系统。

作为一本专门探讨乡村文创设计的著作,本书着重突出以下特点。

1. 以乡村文创设计为主线

以乡村文创设计为主线,分别从乡村文创品牌设计、乡村文创产品设计、乡村文创标志设计、乡村文创字体设计、乡村文创IP形象设计、乡村文创插画设计等方面进行系统性的阐述,力求建立较完整的理论框架,同时以个案分析的形式,对于本书的主题进行具体深入的阐述,做到理论与实践有序衔接,深化读者对乡村文创设计的理解。

2. 以乡村文化为依托

中国乡村历史悠久,文化内涵丰富,特色鲜明。然而近现代以来,随着中国乡村的衰落,中国的乡村文化也日渐衰微。本书在乡村振兴的背景下,深入发掘乡村文化精髓,将其进行创造性转化和创新性发展,以文创设计的形式展现出来，力求推动乡村文化和经济的发展，探索乡村发展的新路径。

3. 强化品牌意识，整合文创设计

产品是文创的基石和载体，品牌意识是文创产业发展的推手。笔者认为文创设计不能仅限于产品设计，因此在本书写作时引入品牌设计理论，将品牌意识贯穿于文创设计中，将文创产品、标志、字体、IP形象、插画整合为一个有机的整体，构建面向未来的乡村文创设计理论体系。

4. 尽量选取新案例

乡村文创设计重在实践和操作，设计内容和方式也随时代发展而变化。本书在理论介绍过程中引用大量案例，以增强内容的可读性和易懂性。在案例选择上，尽量选择新颖鲜活、引领潮流的新案例，使本书的整体风貌与时代同步。本书案例中的图片仅作为理论说明之用，在此向图片的设计者和提供方表示感谢。

本书由闫承恂主编，朱鹏达、辛悦、尚会琴、崔菲芳、王思茜参编。在本书的写作过程中，我的学生、同事、家人提供了很多支持和帮助，在此一并致以诚挚的谢意。

由于本人学识和能力有限，内容难免有所疏漏，还请广大同行和读者多多指教。

闫承恂

2023年1月

注：本书系2020年辽宁省教育厅科学研究经费项目"非遗赋能背景下辽宁乡村文创品牌设计创新研究"结题成果（项目编号：WJ2020013）。

目录 CONTENTS

第1章　乡村文创品牌设计 ·· 1
    1.1　乡村文创产业的概念 ·· 2
    1.2　发展乡村文创产业的意义 ·· 2
    1.3　中国乡村文创产业现状 ·· 3
    1.4　品牌与品牌设计 ·· 3
    1.5　乡村文创品牌设计的内容 ··· 10
    1.6　乡村文创品牌设计的文化资源 ··· 17
    1.7　乡村文创品牌设计的原则 ··· 30

第2章　乡村文创产品设计 ·· 31
    2.1　文创产品设计概述 ··· 32
    2.2　文创产品设计的基本特征 ··· 32
    2.3　乡村文创产品设计的分类 ··· 38
    2.4　乡村文创产品设计的方法 ··· 47
    2.5　乡村文创产品设计的原则 ··· 57
    2.6　乡村文创产品设计的基本流程 ··· 61

第3章　乡村文创标志设计 ·· 69
    3.1　标志在品牌形象中的地位 ··· 70
    3.2　标志设计的形式要求 ··· 70
    3.3　乡村文创标志设计的符号建构 ··· 71
    3.4　乡村文创标志设计的意境审美 ··· 75

第4章　乡村文创字体设计 ·· 83
    4.1　乡村文创字体设计概述 ··· 84
    4.2　中西文字体的发展历程 ··· 84
    4.3　汉字字体的设计方法 ··· 86

	4.4	拉丁文字的设计方法	87
	4.5	字体设计对乡村文创设计的重要性	88
	4.6	乡村文创字体设计的特点	88
	4.7	乡村文创字体设计的类型	89
	4.8	乡村文创字体设计的技巧	93
	4.9	乡村文创字体设计的发展趋势	95

第5章 乡村文创IP形象设计 97

	5.1	IP相关概念	98
	5.2	IP形象设计的经典案例	99
	5.3	乡村文创IP形象设计的设计原则	103
	5.4	IP形象赋能乡村文创的成功案例	105

第6章 乡村文创插画设计 109

	6.1	插画的历史沿革与艺术表现手法	110
	6.2	插画的艺术特点	112
	6.3	插画的价值	112
	6.4	插画在乡村文创设计中的应用	115
	6.5	乡村文创插画的设计原则	122

第7章 乡村文创设计案例分析 123

	7.1	武强年画文创插画设计	124
	7.2	水浒文创插画设计	128
	7.3	日本KIKOF餐具设计	130
	7.4	日本铸心工房的铁壶设计	133

参考文献 138

第 1 章

乡村文创 / 品牌设计

1.1　乡村文创产业的概念

文化创意简称文创，是指以文化为元素，融合多元文化，整合相关学科，利用不同载体而构建的再造与创新的文化现象。文创产业是指依靠创意人的智慧、技能和天赋，借助于高科技对文化资源进行创造与提升，通过知识产权的开发和运用，产生出高附加值的产品，具有创造财富和就业潜力的产业。联合国教科文组织认为文创产业包含文化产品、文化服务与智能产权三项内容。《国家"十一五"时期文化发展规划纲要》明确提出了国家发展文创产业的主要任务，全国各大城市也都推出相关政策来支持和推动文创产业的发展。

目前关于乡村文创设计，业界尚没有形成一个统一的概念。笔者认为，一切基于乡村的环境、乡村的资源、乡村的文化、乡村的产业、乡村的生活展开的跨界的文创设计，都可被视为乡村文创设计。与其他文创产业相比，乡村文创产业有四个方面的特点：一是偏重于场景导向，强调乡村独特的生产生活方式；二是与乡村的在地优势产业存在很强的关联性；三是重视有温度的手工制作方式；四是其本身是在乡村的空间里有机生长和迭代出来的，也就是说乡村文创产业既是当地乡村独特环境的产物，又随着社会的进步在不断发展。

1.2　发展乡村文创产业的意义

乡村是具有自然、社会、经济特征的地域综合体，兼具生产、生活、生态、文化等多重功能，与城镇共同构成人类活动的主要空间。"乡村兴则国家兴，乡村衰则国家衰"。中国以往的乡村经济发展存在一些制约因素：一是农业经济主体高度分子化，小农经济模式难以形成产业化积累和发展；二是农业生产方式粗放工业化，农业产能过剩，农产品质量难以满足市场需求的变化，导致高库存，同时农业工业化造成环境污染和食品安全问题；三是城市化对乡村劳动力产生虹吸效应，导致人口从乡村流入城市，造成大量乡村空心化。这些因素都成为乡村振兴及可持续发展的瓶颈。

近年来，国家加大对乡村的投资，乡村基础设施得到改进。城市中等收入群体引领消费升级，也引领绿色、生态、健康等新消费观念，为农业供给侧结构调整提供市场动力，促进生态农业转型和高品质农产品供给，拉动乡村文旅康养等三产融合模式的多样化新业态。文创设计是拓展乡村特色产业的重要手段。中国的地理气候环境以及发展历史塑造了乡土社会的多样性，包括农业和农产品的多样性、民间手工艺的多样性、民俗民艺的多样性等。这些沉淀在"三农"里丰富的农业、生态和文化资源是业态创新的关键要素，需要文创设计来做价值转化和产品创新，以挖掘保护农村各类非物质文化遗产资源，发展乡土特色产业，匹配当代社会需求，顺应消费升级。在此背景下发展乡村文创产业，可以促进传统工艺提高品质，带动就业，加速乡村一二三产业融合发展，同时也使乡村传统文化得以传承，有助于增强乡民文化自信和文化认同，是实现乡村产业转型升级、提升乡村文化软实力、推动乡村振兴的重要手段。

例如在湖南大学"新通道"社会创新项目中，设计师利用当地侗族刺绣、银饰、竹编等传统手工艺，开展多样化的文创产品开发。这些设计提取了传统工艺中的技术、材料或形态等要素，转移传统的功能和应用场景，使新产品既能满足现代生活场景的功能需求，又能承载特定的文化属性和价值。

1.3 中国乡村文创产业现状

现阶段中国乡村文创产业刚刚起步，还面临一些问题，主要表现为以下几点。

① 乡村文创产业的优化资源配置不足，缺乏全局性规划。目前来看，主要问题体现在对资源的整合与乡村文创产业开发的整体规划上。一些拥有自然与人文资源的乡村，其乡村文创产业大都是村民自发形成的，缺少相关专业性引导以及科学性的规划，大多数处于凌乱的发展状况，盲目跟风的情况相当普遍。与此同时，有些村民对于保护优秀的资源观念淡薄，对非物质文化遗产（简称非遗）等传统文化保存及产业可持续发展必要性的意识不足，乡村优秀资源遭受毁坏的现象也时有发生。

② 乡村文创设计水准及创新水平有待提高。乡村文创企业的规模较小，在创新及设计上无法投入更多的资金，多数乡村文创设计都徘徊在基础、单一的模仿阶段，缺乏文化创意的深度赋能，同质化严重，很难引起消费者关注。一旦市场上出现供大于求的情况，很容易受到冲击。

③ 乡村文创品牌建设较为缺乏，具备科学性的规划、拥有较高效益的乡村文创品牌少之甚少，难以带动乡村文创产业化发展。乡村文创产业链条短，缺乏深度，很难形成以乡村品牌为重点的文创衍生产品开发形式，产业范围较小。还有一个问题是乡村文创人才数量不够，高水平创意型人才欠缺，文创产业难以在乡村立足。

④ 乡村文化特色不显著，乡村旅游发展受限。乡村旅游是乡村文创产业发展的重要组成部分。原生态的乡村环境、久别的田野氛围、独特的乡村文化是游客所希望看到的，但是很多乡村将原生态住宅改造成了井然有序的现代化小楼，打破了原来的乡村建筑模式，打破了乡村中天然融洽的原生态韵律，乡村失去了吸引游客的魅力。如今，大多数乡村旅游开发资金不足，乡村基础设施建设不完善。随着乡村旅游业的不断发展，大批游客涌向乡村，然而乡村景区却因为道路、环境等问题，致使接待能力欠缺，游客的乡村体验效果差，不利于乡村旅游的可持续发展。

1.4 品牌与品牌设计

乡村文创产业要完成新兴产业的开发，关键在于打造具有核心竞争力的乡村文创品牌。要建立科学的、正确的品牌理念，遵循市场规律，造就独特的文化品牌符号或旗帜性标志物。一个成功的乡村文创品牌需要强化乡村文创产品的创新设计，加强品牌文化内涵，通过市场调研、信息整合、市场定位、精准打造、品牌塑造、营销推广等环节进行构建，打造核心品牌影响力。例如陕西省礼泉县烟霞镇的袁家村，围绕关中乡土风情，打造出关中第一村的品牌，从旅游项目到特色产品，都紧扣关中民俗文化的品牌定位，强化品牌体验特色，并开展IP化的品牌运营，成为中国乡村旅游现象级的"网红"。

➡ 1.4.1 品牌的定义

品牌一词源于古斯堪的纳维亚语"Brandr"，意为"燃烧"，原指在家具和陶器等物品上留下的印记，后来亦指在奴隶和牲畜皮肤上烙下的标记。如今品牌已发展为一个综合性的概念，有关品牌的定义也有众多不同的版本。

（1）品牌符号论

1960年，美国市场营销协会在《营销术语词典》中把品牌定义为：品牌是用以识别一个或一群产品或劳务的名称、术语、象征、记号或设计及其组合，以和其他竞争者的产品或劳务相区别。《牛津大辞典》把品牌解释为"用来证明所有权，作为质量的标志或其他用途"。这两种定义从外在的表象出发，将品牌看作标榜个性、具有区别功能的特殊符号，反映出当时人们对品牌的认知仅停留在视觉层面。

（2）品牌形象论

随着时间的推移，人们越来越关注品牌的内在价值，不再认为它只是一种符号或图形。美国广告人大卫·奥格威提出了品牌形象理论。他认为每一品牌、每一产品都应发展和投射一个形象，经由各种不同推广渠道传达给顾客。消费者购买的不只是产品，还购买承诺的物质和心理的利益。进行品牌形象研究，即是通过市场分析工具，在解析不同消费者的品牌印象的基础上，勾勒出某一品牌的特有气质，从而为品牌资产的管理者提供决策依据。品牌形象不是自发形成的，而是一个系统工程，涉及产品、营销、服务各方面的工作。品牌形象的塑造需要企业全体员工长期的坚持努力。能否创造一个吸引潜在顾客的品牌形象是企业制胜的关键。

（3）品牌定位论

美国广告人艾·里斯与杰克·特劳特提出了品牌定位理论。他们认为营销活动的重心应由产品功能转向用户心智，通过塑造一个明晰的、有差异化的、符合用户需求的品牌形象，让品牌在用户的心智阶梯中占据有利地位，从而提升品牌的竞争力。后来，艾·里斯与女儿劳拉·里斯对定位理论进行了延续和修正，提出品牌是一个品类的代表，赢得客户心智的最好途径是在品类中形成特定的品牌形象。品牌的视觉形象更具情感性和识别性，更易获得人们广泛的认知。

（4）品牌体验论

进入互联网时代，媒体、渠道、用户、竞品都发生了巨大变化，品牌难以仅仅依靠洗脑式的机械灌输概念来达成传播目的。伯尔尼·H·施密特博士认为，营销是通过各种媒介，刺激消费的感官和情感，引发消费者展开联想并采取购买行动。这一系列过程都是在向消费者提供体验。品牌或产品的价值应通过体验传递给消费者。体验正在成为一种新的核心价值源泉。

（5）品牌综合论

综合以上，本书得出的品牌定义为：品牌是能给拥有者带来溢价、产生增值的一种无形资产，它的载体是用以和其他竞争者的产品或劳务相区别的名称、术语、象征、记号或设计及其组合，增值的源泉来自在消费者心中形成的关于其载体的印象。

1.4.2 品牌与产品

品牌并不等同于产品，两者既有联系又有区别。

产品是指能够供给市场，被人们使用和消费，并能满足人们某种需求的东西，它可以是有形的物品，如手机、三明治、汽车、房子等，也可以是无形的服务如加油站、医院、商场等。产品具有自己的属性，产品属性是产品性质的集合，也是产品差异性的体现，它决定了品牌策略的出发点。

具体来说，产品属性包含六个方面的内容，它们是需求因素、用户特性、行业状况、价格档次、渠道特性、功能利益。需求因素是指不同产品、服务满足不同需求层次的消费群体。用户特性是指用户的年龄、地域、文化程度导致消费心理与消费行为的差异。行业状况是指行业现状、产业结构、竞争激烈程度决定了差异化的产品策略。价格的形成最终是由供求关系及竞争态势决定的，价格的高低在宏观层面决定了产品是奢侈品还是必需品，是消费者不同层次需求的体现，消费者对价格的敏感性、弹性决定了产品的价格档次。渠道特性是指不同渠道内销售的产品，其销售模式、定价策略、推广策略都有所不同。功能利益是指产品的功用或用途。这六个方面的内容涵盖了消费者对产品的基本需求。

品牌是消费者对于产品的想法和情感，当一个品牌被市场认可之后，它就会给消费者带来特定的价值和情感体验。品牌是产品的升华，除了产品属性外，还包含四个方面的内容，即品牌属性、品牌价值、品牌个性与品牌文化。品牌属性是指消费者感知到的与品牌功能性相关联的特征。品牌价值是指品牌区别于竞争对手最核心的部分，能够让消费者认同的品牌利益点。品牌个性是指消费者认知中品牌所具有的人类人格特质。品牌文化是指品牌的地域、文化、风俗等特征，以及通过品牌形象的塑造，使消费者形成的品牌价值认知。

1.4.3 品牌个性

品牌个性是消费者认知中品牌所具有的人类人格特质。就像每个人有自己的人格一样，每个品牌也应该有它的风格。品牌不仅是一种符号，更是一种个性的展现。

关于品牌个性的研究，大致可分为品牌形象论和品牌维度论两个阶段。品牌形象论在20世纪50～70年代较为流行，持此论点的学者认为品牌个性就是品牌形象，并将品牌形象定义为"购买者人格的象征"。20世纪80年代以后，品牌维度论被提出并逐渐占据主流地位。一些学者将弗洛伊德人格理论运用到品牌个性研究之中，将品牌个性划分为表现与压抑两个维度：表现维度体现了品牌消费中所获得的乐趣和快感，可以满足消费者情感方面的需求；压抑维度体现了品牌能够满足消费者对产品基本功能的需求，并能解除消费者的忧虑或压抑。此理论还指出大多数品牌的品牌个性位于这两个维度之间。1997年，美国著名学者珍妮弗·阿克尔建立了品牌人格量表，对品牌个性维度进行研究，归纳出真诚、激情、能力、教养和强健五大维度。2001年，珍妮弗·阿克尔和她的同事对美国、日本、西班牙三国的品牌个性维度进行比较研究，发现不同文化背景下的品牌个性维度具有差异。随后，各国学者沿着这一路径展开深入研究，有人引入了负面品牌个性，有人将品牌个性通过图片加以显现。这些研究进一步验证了品牌个性维度在不同文化背景下具有差异的论点。

1.4.4 品牌体验

品牌体验是消费者对品牌的经历和感受，包括从最初的认识，到选择、购买、使用，再到坚持重复购买这一过程。重视品牌体验的企业会将消费者关于产品和服务的想法、需求做汇总分析，以拉近品牌与消费者的距离。美国战略地平线LLP公司的创始人约瑟夫·派恩（Joeph Pine）和詹姆斯·吉尔摩（James Gilmore）于1998年提出了体验营销理论。他们认为消费者消费时是理性和感性兼具的，消费者在消费前、消费中和消费后的体验是研究消费者行为与品牌经营的关键。伯尔尼·H. 施密特博士认为，营销就是通过各种媒介，刺激消费者的感官和情感，引发消费者展开联想并采取购买行动，这一系列过程都是在向消费者提供体验，品牌价值应通过体验传递给消费者，体验正在成为一种新的核心价值源泉。

品牌体验包括感官体验、情感体验、思想体验、行动体验等一系列的体验行为。感官体验还涉及视觉、触觉、听觉、嗅觉、味觉等多种感觉。如乡村文创品牌的感官体验，要让消费者在触觉上触摸到乡村未经修饰并取法自然的质朴肌理，在嗅觉上闻到乡村田园百草或花香等自然气息，在听觉上听到乡村悠扬小调或鸡犬虫鸣等地域性声音景观，在视觉上看到自然山水、乡村建筑等视觉景观，通过多种感官体验的融合互通，实现感性提升，强化与乡村情境的感官互动、预反射和吸收体验，帮助消费者寻找乡村文化，建立与乡村适合的文化场域。

1.4.5 品牌定位

（1）品牌定位的含义

品牌定位是企业针对特定的目标消费群，从产品、价格、渠道、包装、服务、广告促销等方面寻找差异点，建立一个明确的、有别于竞争对手的形象，从而在市场上占据有利位置。艾·里斯和杰克·特劳特在20世纪70年代提出了定位理论，认为品牌应在消费者的脑海里占据一个合理的位置，定位的基本原则不是创造某种新奇的或与众不同的东西，而是通过人们心中原有的想法，打开联想之门。品牌定位时代的到来与当今社会的信息过剩有关,面对着铺天盖地的品牌资讯,消费者只能接收其中很有限的一小部分,要想在他们的心中占据一席之地,必须通过定位理论来寻找市场空隙,一旦找到了合适的定位,就应立即旗帜鲜明地展现于品牌传播过程中,让消费者对该品牌的定位留下深刻印象,从而影响消费者对品牌的态度,增加品牌的价值。

(2)品牌定位的过程

品牌定位的过程包括市场细分和形象传播两个阶段。

研究消费者需求是市场细分的第一步,企业可以通过发放市场调查问卷、总结调研结果,来了解消费者的需求状况、消费特点,以及制约和影响需求的主要因素。企业也要对自身品牌的优势和劣势,以及竞争对手的情况做出客观准确的评价。由于需求的复杂多样性及不同消费者之间的差异,会形成不同的市场,需要企业对市场进行细分,也就是把消费者按不同标准分为一些较小的、有着某些相同特点的子市场,具体可分为地理细分、人口细分、心理细分和行为细分。在选择目标市场时,要评价其规模和潜力,也就是在今后一段时间内,该市场对品牌产品的需求量是否足够大。

形象传播是在市场细分的基础上,构建品牌形象并将其有效传播。品牌形象定位是品牌形象传播的基础,也是确立品牌个性的重要前提。品牌定位与品牌形象定位紧密相连,以品牌定位为指导,可以确定品牌形象定位,两者共同作用,确定了品牌产品的形象特质,且与竞争品牌保持差异化。品牌传播是连接品牌形象和目标消费者的桥梁,也是调整两者之间关系的重要工具。有效的品牌传播可以唤起消费者埋藏在心中的想法和情感,促使消费者形成品牌忠诚,对品牌产品产生长期的购买行为。当品牌在市场上形成领先于竞争对手的优势时,企业的品牌定位就成功完成了。

(3)品牌定位的导向

品牌定位的导向包括产品导向、利益导向、目标市场导向、比附导向、情感导向、文化导向。由于市场环境和消费者需求的复杂多变,单一导向的品牌定位风险较大。企业必须根据品牌经营需要,实行多种导向的定位。产品导向的定位关键在于突出品牌产品与众不同的特点,企业必须高度重视技术创新,以保持产品的技术优势。利益导向的定位是将品牌的某些特点与消费者的关注点联系起来,当消费者使用该品牌的产品时,能够得到既定的利益。目标市场导向的定位强调品牌对目标市场和目标消费群体的选择,品牌在信息传播上应清晰明确,避免误导消费者。比附导向的定位又称竞争品牌导向定位,是以其他知名品牌为参照系,通过对比,提升自己品牌的市场位势和影响力。情感导向的定位重在建立品牌与消费者之间的情感纽带,通过产品和服务满足消费者的情感和心理需求,获取消费者的信任。文化导向的定位是为品牌赋予某种文化内涵,形成文化差异,如具有地域文化内涵的品牌,更容易获得当地消费者的认同和共鸣。

1.4.6 乡村品牌建设与"一村一品"

关于乡村品牌建设与规划,有"一村一品"之说。"一村一品"是指在一定区域范围内,以村为基本单位,按照国内外市场需求,充分发挥本地资源优势,通过大力推进规模化、标准化、品牌化和市场化建设,使一个村(或几个村)拥有一个(或几个)市场潜力大、区域特色明显、附加值高的主导产品和产业。

"一村一品"运动的发祥地是日本的大分县，倡导者是时任大分县知事的平松守彦。1979年11月，平松守彦首次向该县的各村村长提出开展一村一品运动，要求每一个村都发掘和开发出一个可以在全国叫得响的新产品，产品可以是农林渔副产品，也可以是工业品。"一村一品"运动的目的是激发地域内部发展本地经济的积极性，以达到振兴地域的目标。"一村一品"运动在大分县获得了很大的成功。伴随着日本经济的高速增长，日本的城乡收入差距、地区之间的收入差距都有扩大的趋势，而大分县的收入差距却在缩小，人均收入也增长较快。"一村一品"运动开始在日本各地推广。

日本马路村是位于四国岛上的一座小山村，曾经以伐木作为主导产业。1970年，政府立法保护生态，没了经济收入的村民纷纷外出谋生，人口数量由原来的3600多人锐减为不足1000人。村里唯一能种植的特产——柚子，成为了发展的唯一希望。由于马路村山林茂密，水源无污染，所产柚子的营养成分要比市场上其他柚子高很多，但是由于形状不好，一直无法作为水果投放市场，只能从二次加工和文化赋能方面来发展。从1975年开始，马路村通过加工柚子果汁、果酱走上了快速发展的道路，至今还在不断拓展柚子加工产品的种类。除食品外，马路村建立了一座完全以柚子加工废弃物为原料的化妆品工厂，通过与科研机构合作，已开发出柚子香皂、化妆水等护肤产品。前往马路村的游客除了购买柚子产品，还可以亲手做柚子料理，享受柚子浴，将乡村情怀体验到极致。马路村已经实现了柚子生产、加工、销售一条龙作业，并以柚子为核心，打造了一个产品生态圈。而且马路村有着明确的品牌意识，与柚子产业相关的广告宣传，都在文体和宣传口号上保持一致。因为品牌形象的统一和不断强化，马路村的柚子产业没有昙花一现，而是持久地延续了下来。另外，马路村很注意文化赋能，将整个村落的形象跟柚子产业结合起来打造，使"乡愁"形成卖点。现在，每年都有大批游客前来体验生活，还有许多来自城市的年轻人选择到马路村办企业就职，就连农协职员也有一半是外来人员，从而给小山村的发展注入活力和新鲜血液。

➡ 1.4.7 品牌形象与品牌设计

品牌形象是消费者对品牌体验和印象的总和，具有记忆性、多样性和稳定性的特点。品牌记忆度决定了消费者对该品牌印象的强弱。提高品牌记忆度最快捷的方式就是先制定符合其定位的品牌个性，然后将其导入品牌形象中，形成一套视觉识别体系，令消费者有需求时可以快速地联想到该品牌。这个视觉识别体系将成为品牌强有力的认知符号。

品牌形象的多样性是指品牌形象涵盖多方面的内容，包括企业形象、产品外观、品牌联想等。受地域、民族、年龄等因素的影响，消费者对品牌形象的解读也存在个体差异。品牌形象的稳定性是指品牌在一段时期内会保持相对稳定的形象，随意变动会让消费者产生这个品牌不可靠的感觉。对于历史悠久的品牌来说，品牌形象的调整和改动要非常慎重，应尽可能地利用好原有的品牌资产。

视觉形象是品牌形象的主要载体。美国学者劳拉·里斯提出"视觉锤"的概念，认为品牌的视觉形象更具情感性和识别性，更易获得人们广泛的认知，可以通过"视觉锤"将"概念的钉子"植入消费者心智，从而强有力地表达品牌的特性。品牌视觉识别是品牌形象的差异化，强有力的品牌视觉识别可以建立差异化的品牌认知，让品牌形象获得凝聚力，使品牌具备强辨识度。品牌标志与标准字、识别色、辅助图形等可以进行灵活多变的组合，应用到办公用品、导视系统、产品包装、服装服饰、广告等品牌触点上，构成一套完整的品牌视觉识别系统（图1-1、图1-2）。本书所指的品牌设计，即是对品牌视觉识别系统的设计。

图1-1　哈萨克斯坦有机农产品公司Biogorod品牌视觉识别系统

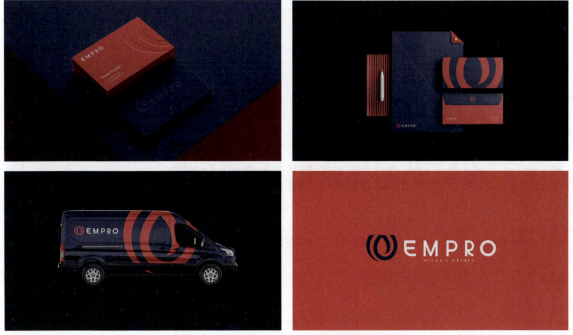

图1-2　巴西Empro饮料公司品牌视觉识别系统

新西兰奇异果是通过品牌设计取得成功的范例（图1-3）。1920年，新西兰开始向全世界推广奇异果，最初生产者众多却很零散，产出的奇异果产量波动大，品质不稳定，而且出口商家众多，相互之间竞争激烈，始终打不响自己的品牌。1996年，新西兰决定成立由政府管控的奇异果品牌，统一品牌管理，由原来的粗放经营变成集约经营，不仅要保证奇异果的质量稳定，服务水平也要达到一流。1997年，新西兰奇异果统一品牌被推出，品牌口号是：佳沛新西兰奇异果激活您的生活！品牌名称省略了奇异果，简洁地命名为"ZESPRI"。标志设计以绿色为底色，以猕猴桃外形为基础，中间加了醒目的品牌名称"ZESPRI"，字体进行了变形处理，增强了设计感。字体上方绘制有猕猴桃果肉的颜色和形态，标志整体形象很好地表明了品牌产品为奇异果，视觉传达清晰、简洁明了，给人耳目一新的感觉，能够让人联想到新西兰奇异果富含营养、充满能量，可以给人们带来活力和健康。

图1-3　新西兰奇异果佳沛品牌设计

1.5　乡村文创品牌设计的内容

乡村文创品牌设计包括基本要素和应用要素的设计。

➡ 1.5.1　基本要素设计

基本要素设计包括标志、标准字、识别色、象征图形、印刷字体、IP形象以及各要素之间的规范组合设计。

（1）标志

在基本要素中，标志是最重要的关键点，是品牌视觉形象的浓缩和强有力的认知符号。

（2）标准字

标准字是将抽象的品牌信息转换为具象的、风格独特的文字，以达到品牌识别的目的，以此塑造品牌形象，增进消费者对品牌的认知度。

（3）识别色

识别色是用来象征品牌并应用在视觉设计上的指定色彩，用以强化视觉刺激及对品牌的识别。识别色包括标准色和辅助色两部分。标准色通常是品牌标志和标准字的色彩，可以是单色，也可以是2～5种颜色的组合，一般不超过5种颜色。辅助色的数量比较多，一般为6～10种，在色彩应用时对标准色起到辅助衬托作用，和标准色共同构成一个品牌的色彩识别系统。

（4）象征图形

象征图形也被称为辅助图形，是标志、标准字、标准色的延伸和补充，是出现频率最高的附属要素。标志、标准字等造型要素具有点的特征，而象征图形具有线、面展开后的造型意义，可以弥补前者的不足，加强版面的对比效果，丰富版面的形式美感。

（5）印刷字体

印刷字体会影响品牌形象，应事先加以规划和设定，在现成的字库中选择一套或多套与品牌形象匹配的字体，包括中文和西文。字体选择不宜过多，一般控制在七八套以内。

（6）IP形象

IP形象是为品牌专门设计创作的人物、动物、植物等拟人化形象，用来活跃品牌形象，建立亲切感，拉近品牌与消费者之间的距离。

（7）基本要素组合

基本要素组合是指品牌标志、标准字、标准色等基本要素的搭配组合。为了使品牌建立起统一的视觉识别体系，并适应于各种不同媒界和场合的应用，应设计出一套综合各种基本要素的富有延展性的组合模式，包括各要素组合时的位置、距离、方向、大小等规范。

1.5.2 应用要素设计

应用要素设计是基本要素在企业各领域中的展开设计，包括文创产品、文创插画、导视系统、产品包装、服装服饰、建筑景观、公共艺术等。

（1）文创产品

文创产品是指依靠创意人的智慧、技能和天赋，借助现代科技手段对文化资源、文化用品进行创造与提升，通过知识产权的开发和运用而产出的高附加值产品。乡村文创产品是乡村地方设计系统的一个节点，依托于乡村地方的民俗文化、旅游文化、生态文化、非遗文化等资源，借助于创意设计，让产品产生附加值。

（2）文创插画

文创插画是一种艺术表现媒介，具有生动直观、趣味性强、表现手法多样的特点，可以突出表现文创品牌的文化底蕴和独特个性，达到塑造品牌、促进销售的目的。在乡村文创品牌设计系统中，插画既可以是独立的传播品牌文化的艺术作品，也可以与文创产品、导视、产品包装、品牌服装、公共艺术相结合，赋予文创设计更多的艺术性。

（3）导视系统

导视系统是基于环境与人之间的信息界面系统，被广泛应用于商业场所、公共设施、城市交通、社区等公共空间中，是整合品牌形象、建筑景观、交通节点、信息功能甚至媒体界面的系统化设计（图1-4）。乡村导视是乡村景观的组成部分之一，在外来访客参观过程中起到重要的导引作用，也是乡村文化传播的桥梁。

图1-4　洛根·柯尼特（Logan Knight）设计的澳大利亚乡村导视系统

（4）产品包装

产品包装是品牌重要的触点之一，它传达了产品和品牌的调性，将品牌形象通过包装的造型、色彩、图形、文字内容等呈现出来（图1-5，图1-6）。乡村文创品牌的包装设计要依据可持续发展的理念，响应国家生态、绿色的号召，尽可能选择绿色、生态化材料，使包装能够被回收再利用。

第 1 章　乡村文创品牌设计

图1-5　白俄罗斯土豆品牌Babina Leta包装设计

图1-6　英国HERBAL蔬菜种子包装设计

（5）服装服饰

员工的服装和服饰是品牌形象识别的重要媒介，具有传达品牌经营理念、行业特点、工作风范、整体精神面貌的重要作用。优秀的品牌服装不仅能给客户带来良好的感官与识别体验，也使员工有归属感。品牌服装大体分为三类：第一类是职业装；第二类是礼服；第三类是服装配饰，如领带、领结、腰带、鞋帽、徽章等，要与前两种服装配套。乡村文创品牌的服装设计要兼顾识别性与美感，包括体现品牌形象、表现职业美感、反映地域和民族文化等，如西双版纳乡村餐厅的服务员服装可以体现当地民族的服饰特色。

（6）建筑景观

乡村建筑景观体量相对较小，建筑形式多以当地的建筑形式为主，且材料多以当地

第 1 章　乡村文创品牌设计

的石材、木材为主，建筑密度低。古老的乡村建筑反映了当地村落的地理特征，以及在发展历程中形成的特有的地域文化，是人类活动的历史记录以及文化传承的载体，同时也具有重要的历史文化价值（图1-7）。乡村建筑景观设计要注意对传统文化的延续和保护，尽量不破坏原有的生态系统。如安徽黄山黟县碧山供销社，是由老供销社改造的

图1-7　阿联酋农舍设计

乡间杂货铺，售卖乡村文创产品与杂货，其建筑外观与内部保留20世纪60年代老供销社的风貌，让游客体验村庄的古朴宁静，以及传统手工艺的文化温度（图1-8）。乡村建筑景观设计是提升乡村文化品位、发展乡村经济的重要途径。又如河南省修武县利用乡村闲置空间打造出一批村级乡村美学建筑综合体，并以该综合体为依托，开展社会服务。该综合体由国际知名设计师团队设计，在保留"乡愁"的同时，运用现代艺术手法将红色文化元素融入建筑设计，如今已成为当地有名的网红打卡地，村里很多年轻人都选择在此举办婚礼。

图1-8　安徽黄山黟县碧山供销社

（7）公共艺术

公共艺术泛指一切置于自由开放的公共空间的雕塑、壁画等艺术作品，以区别于置于各种封闭空间内的艺术品。乡村公共艺术可以给村民带来精神层面的寄托，也能促进乡村旅游业的发展。典型案例是日本的越后妻有大地艺术节（图1-9、图1-10）。越后妻有地区位于日本本岛中北部，包括新潟县南部的十日町市和津南町，曾是日本的稻米粮仓，出产"越光米"。在20世纪80、90年代之后，随着日本现代化的进程，这里却被时代抛弃，出现了经济衰退、年轻劳动力出走、人口老龄化的趋势。1996年，新潟县政府筹备资金，邀请出生于新潟县的知名策展人北川富朗参与地区建设，希望通过艺术的力量带动乡村振兴。北川富朗使用该地区在日本战国时代的古名"越后国"和"妻有庄"

图1-9　2018年越后妻有大地艺术节公共艺术作品　　**图1-10　2022年越后妻有大地艺术节公共艺术作品**

命名艺术乡建活动，在2000年举办了第一届越后妻有大地艺术节，一批来自世界各地的艺术家以"人类属于大自然"为主题，以760平方千米的山村和森林为舞台创作艺术作品，探讨现代和传统、城市和乡村的关系。与在美术馆等封闭空间里举办展览不同，大地艺术节必须行走在田间山村才能观赏作品。当地村民也加入艺术创作和艺术节的筹备运作中，成为创作者、组织者和接待者，与艺术家共同阐述艺术实践对于乡村生活的意义。艺术不再只是吸引游客的手段，更是地方生活重建的有机组成部分。大地艺术节改变了越后妻有地区的乡村面貌，地区知名度得到提升，城乡交流日益增多，达到了乡村振兴的目的。

1.6 乡村文创品牌设计的文化资源

乡村文创品牌设计需要依托乡村文化来进行。具体来说，就是借助乡村的民俗文化、旅游文化、生态文化、非遗文化资源，因地制宜，有机整合，赋予品牌深刻而丰富的文化内涵。做好民俗文化、旅游文化、生态文化、非遗文化的保护、建设与开发，是乡村文创品牌设计成功的基础，也有利于提升当地精神文明建设，扩大乡村影响力，吸引游客，促进乡村振兴。

1.6.1 民俗文化

（1）民俗文化的概念

民俗文化是民间各种风俗习惯的统称，包括存在于民间的物质文化、社会组织、意识形态以及口头语言等。民俗文化中的物质文化包括生产活动和生活中的所有物质化形式，其种类多样，农耕方式、生产工具、人类的衣食住行的物化载体等都属于此类。社会组织是指人类在生存、繁衍中形成的氏族、家庭、宗族、村落以及乡镇、市镇、城镇等各类人口集合的统称，其呈现形式多为约定俗成的习惯，也属于民俗文化的范畴。意识形态是指在宗教、礼仪、艺术、伦理等物质文化和社会组织的基础上形成的特有的精神文化。口头语言是人与人交流的媒介，根据其口音、语意不同，承载着多种特色文化，是一种特殊的民俗文化。

（2）民俗文化的特点

民俗文化的特点可分为五个方面，分别为集体性、类型性、传承性与扩散性、稳定性与变异性、规范性与服务性。

民俗文化是一种由民众集体创造出来的，并在生活中共同享用、保存并传承的文化。中国地大物博，幅员辽阔，因此民俗文化中有的具有普适性，有的则存在着明显的局部性或变异性，然而不论哪一种民俗文化，都在一个区域内具有鲜明的集体性特点，可以说民俗文化是一种供大众享用、传播的公共文化财产。

民俗文化是民众集体需求产生的结果，是由底层民众创作的。创作者相似的生活经历、语言习惯，以及集体创作的习惯，使得民俗文化的类型十分相近，具有明显的类型性。

民俗文化的传承性是指其在时间上具有连续性；扩散性是指其在空间上具有延展性。民俗文化为民间底层人民所作，其中很多为没有文化的劳动者，其传播和扩散的媒介为口头语言。

民俗文化的稳定性主要表现在三个方面：第一个方面是家族观念的稳定性，第二个方面是节俗传统的稳定性，第三个方面是人生仪礼习俗的稳定性。民俗文化的变异性表现在许多礼仪和习俗随着时代的变化而变形、变质或消亡，如"傩戏"原本是一种驱除疫魅的宗教仪式，经过数千年的演变后，已经失去了原来的宗教意义，而变成了一种以娱乐为目的的艺术形式。

民俗文化的规范性是指民俗文化对民众的行为和心理具有制约性。民俗文化是人们在长期实践中形成的一套行为模式和语言模式，也可以理解为人们集体创造和遵守的一套行为准则，对民众的心理、观念影响深远，对民众的行为、实践起着控制作用。

民俗文化的服务性建立在规范性之上。有的民俗规范性较强，有的民俗服务性较强。如年终岁尾时进行大扫除，或农历六月六晒被等习俗均有较强的实用价值，因此服务性特点更加明显。

（3）民俗文化对于乡村文创品牌建设的意义

民俗文化是扎根于乡村的一种传承数千年的文化，具有一定的稳定性和连续性，因此，民俗文化是乡村文创品牌建设的"蓄水池"，只有保护民俗文化、传承民俗文化、弘扬民俗文化才能使乡村文创品牌设计发挥文化的软实力，提升乡村文化自信，实现乡村振兴的战略目标。

首先，民俗文化能够唤起人们的"乡愁"与"乡情"，感召外出打工的农村青壮年回村建设，为乡村文创产业的发展积聚人气。近年来，中国乡村出现了明显的衰落迹象，其现象之一就是"空心村"越来越多。"空心村"是指在工业化和城市化进程中，农村青壮年抛弃土地，大量流入到城市中以打工为生，除了过年过节、婚丧嫁娶外，其他时间均在城市生活。而农村中仅余部分老人和留守儿童，就像大树空心一样，所以称为"空心村"。"空心村"中的青壮年虽然长期在城市生活，但在传统节日或举行传统的公众性活动时，他们多回乡探望，一解思乡之情。此时，可利用民俗文化中的传统节日礼仪，或独具地方特色的婚丧礼仪作为纽带在游子心中植入"乡愁"和"乡情"的种子。在这种传统民俗文化的感召下，当乡村创立文创产业，有能力为游子提供良好的发展前景和就业岗位时，可感召游子回村建设。

其次，民俗文化有助于修复乡村景观。在民俗文化中存在着大量关于"居住"的文化，以及生态宜居的思想。在修复乡村景观时，一方面，可从居住的建筑风格入手，保留传统民俗文化中的建筑特色，打造特色乡村村落景观；另一方面，可从宏观角度总体规划，并根据乡镇编制开展"一村一规划""多规合一""绿色优先"等村落保护政策，打造与历史文化、自然环境相匹配的美丽乡村，提振乡民自信。

第三，优秀的民俗文化是情感的纽带，具有凝聚民心、教化人心的力量，能够增强乡土生活的幸福感和自信心。实施"民俗文化+"计划，可以有效地发挥民俗文化的作用，从而增强乡村文化的驱动力。比如"民俗文化+公共活动"，将民俗文化中的精华部分在乡公共平台上展出，在传承优秀民俗文化的同时，拓宽乡村产业，促进乡村和谐稳定发展。又如"民俗文化+经济发展"，在传承优秀民风民俗的基础上，发展农业旅游项目，将乡村建设成为宜居、宜业的新家园。

第四，建设乡村特色文创品牌，奠定乡村振兴的产业基础。民俗文化中包含着许多传统技艺，这些技艺是乡村特色文化资源的重要组成部分，更是发展乡村特色文化产业的基础。在乡村振兴建设中，可以在传统技艺资源丰富的地区构建手艺产业站点，以实现"村村有特色，乡乡有规划"的文化产业布局；在条件成熟的乡村建立传统手工艺品原创基地，并发动农户从事传统手工艺品的生产，用老手艺带动农户、农村发展，并以农村基地带动销售，发展乡村传统手工艺文化产业；在民族手工艺品特色明显的贫困地区或边远地区开展手艺文化扶贫活动，以推动边远地区或少数民族地区开展特色手工艺品经济，并加强创意研发、产权知识等方面的帮扶，帮助这些地区建立特色文创品牌，从而达到动员社会力量或资本投入乡村文化产业的发展中的目的。

（4）乡村民俗文化建设的经典案例

日本水上町是一个拥有大量民俗文化资源的乡村，早在20世纪90年代时，为了发扬、继承日本水上町的传统手工艺文化，当地政府鼓励民众以工艺手作增强游客体验，先后建立了24家传统手工艺作坊，形成了一个个乡村手工艺品牌，如"陶艺之家""人偶之家""竹编之家""面具之家""茶壶之家"等，传承当地特色的胡桃雕刻彩绘、草编、木织以及陶艺工艺，成为日本远近闻名的"工匠之乡"（图1-11）。这一创意在1998～2005年吸引了参与游览、参与体验的游客达45万人，24家"工匠之家"的总销售额达3116亿日元。

图1-11　日本水上町

1.6.2　旅游文化

（1）旅游文化的概念

旅游文化是某个民族或地区在旅游实践过程中所创造的与旅游相关的精神财富和物质财富的总和。广义的旅游文化既包括旅游学、旅游管理学、旅游发展史等旅游理论，也包括与旅游相关的文学、艺术、哲学、博物学、民俗学、考古学、生态学、色彩学等学科，此外还包括由旅游所延伸出来的旅游娱乐、旅游购物、旅游服务、旅游环境、旅游食宿，以及旅游专业队伍建设等内容，涉及旅游的吃、住、行、游、乐、购等多个方面和多种要素。

（2）乡村旅游的发展概况

乡村旅游是依托乡村区域内的景观、建筑、文化等资源，在乡村中进行的旅游形式。数十年来，随着中国经济的发展、消费观念的变化，越来越多的中国人开始将旅游作为一种休闲的方式。中国旅游业，尤其是乡村旅游业发展迅速，乡村旅游的规模、形态在不断发生变化。目前，中国乡村旅游已经发展为以农业观光为主的综合型旅游项目，并呈现出多层次、综合化、品牌化的发展趋势。乡村旅游已经成为中国旅游市场的重要组成部分，其发展势头十分迅猛，在乡村振兴建设中发挥着重要的作用。

（3）乡村旅游的价值和意义

首先，乡村旅游可以提供就业机会，增加农民收入。传统乡村农民的主要收入为农业和畜牧业，而乡村旅游可以有效利用当地旅游资源，打造特色景观，拉动当地经济，为农民提供大量的就业岗位，提高农民收入，帮助农民脱贫致富。如四川省阿坝藏族羌族自治州的九寨沟县，随着九寨沟景区（图1-12）知名度的增加，吸引了大批慕名而来的游客，当地很多从事畜牧业的牧民转向旅游业，为外地游客提供住宿、餐饮、交通、导游服务，收入大为改观。

第 1 章 乡村文创品牌设计

图1-12 九寨沟景区（摄影：闫承恂）

其次，乡村旅游可以提高农业附加值。传统乡村中的农产品销售需要通过第三方才能到达消费者手中，而乡村旅游为农户和消费者提供了面对面的交易机会，有利于提高农业的附加值，为农业产业化经营创造了良好的平台和机会。

最后，乡村旅游可以改善乡村环境，促进城乡精神文明建设。开展旅游的乡村为了提升游客的旅游体验，往往会改善居住、卫生环境，健全农村社会化服务体系，有利于乡村环境的改善；与此同时，许多乡村地区为了提高从业者素质举办旅游培训班，加强农村的文明礼仪教育，直接提升了当地的精神文明建设水平。

（4）乡村旅游的发展导向

首先，应注重农民参与，保护农民利益。发展乡村旅游的目的是振兴乡村发展，实现乡村精准扶贫，而农民是乡村的主要组成群体。因此，在乡村旅游开发中应吸引农民自觉、自愿地加入到乡村旅游项目中，并通过切实的政策保障农民利益，实现农民增收的目的。

其次，应建立标准的乡村旅游体系。旅游文化中涵盖了旅游建设、旅游管理、旅游市场、旅游产品等多个方面的内容，而一个标准的乡村旅游景区，不仅应设立专业的基础设施标准、日常管理与运营标准、服务接待标准等，还应不断提升服务质量，建立乡村旅游的品牌化，以此提升游客体验，打造可持续化发展的乡村旅游景区。

最后，要挖掘区域文化，打造乡村旅游特色产品和服务。乡村旅游景区在开发、建设过程中应从区域的资源优势出发，充分挖掘当地的自然资源与文化资源，通过专业的乡村旅游规划设计、建筑设计、旅游产品设计等方面，充分挖掘乡村记忆，弘扬乡土文化，激发出本土乡民对家乡传统文化的认同感和自豪感，打造具有特色的乡村旅游景区，带给游客特殊的乡村文化体验。

（5）乡村旅游的资源开发类型

从类型上来说，乡村旅游的资源开发可分为城市依托型、景区依托型、产业依托型、历史依托型、民俗文化依托型、创意主导型、科技依托型七种。

城市依托型的乡村旅游资源开发主要为当地城市居民服务，也为慕名而来的游客提供服务，多具有观光、度假、休闲、娱乐、运动、康体、教育等功能，呈现出发展规模较大、发展态势良好、环绕城市周边的特点，是一种依托于城市区位优势和市场优势发展起来的城郊旅游综合体。城市依托型开发模式一般多为"1+3"发展模式，除乡村旅游外，还多发展现代农业、乡村观光度假以及乡村商业三大产业，形成独特的环城市乡村旅游圈，吸引城市游客郊区短途旅游。沈阳"稻梦空间"稻米文化主题公园就是典型的城市依托型开发模式。

景区依托型的乡村旅游资源开发是以成熟景区为依托，规划乡村旅游思路，将乡村巧妙纳入成熟景区的旅游规划体系中。此外，周围乡村还可在交通上加强与景区的线路连接，充分挖掘与景区内文化不同的乡村民俗文化和文化产品，深度开发乡村旅游产品，通过综合调动乡村的吃、住、行、游、乐、购等特色产品，形成与封闭的景区既有联系又有区别的开放的乡村风情体验区，以此吸引游客，打造乡村旅游品牌。四川省九寨沟景区附近的中查沟旅游区就是典型的景区依托型案例（图1-13）。

产业依托型的乡村旅游资源开发是以区域内的农业为依托，通过深入挖掘和拓展农业的观光、度假、休闲、体验等功能，和第二、第三产业相融合，开发系列农业产品，带动农业生产、农副产品加工以及餐饮服务业的发展。其最明显的代表即为特色庄园模式、田园农业旅游模式等，根据区域内的产业不同又可开发出园林观光游、务农体验游等旅游产品。位于荷兰小镇利瑟的库肯霍夫公园是世界上最大的郁金香主题公园（图1-14），每年三月到四月都会举办持续约八周的郁金香展览。除了体验公园的郁金香花海，还会举办各式各样的鲜花展、文化表演、艺术展览等。库肯霍夫公园的开园主题是2006年开始设置

图1-13　中查沟景区

图1-14　荷兰库肯霍夫公园

的环节，公园将主题的意义反映在整体设计中。如公园2008年开园主题是"中国北京奥运会"，公园景观包含了紫禁城花园等中国设计元素。公园每年的开园时间仅有两个月，却吸引了全球各地的人们蜂拥而至。

历史依托型的乡村旅游资源开发多以具有悠久历史的古村镇为依托，利用建筑遗迹、特色民居、历史感强的街道和店铺以及古色古香的寺庙、园林来发展旅游。在历史依托型乡村旅游开发中除保留当地的特色建筑、街道外，往往还肩负着传承历史文化的使命，主要体现在遗迹保护、节事活动、工艺传承、纪念品开发等方面。山西省的平遥古城就是历史依托型的典型案例。

民俗文化依托型的乡村旅游资源开发突出乡土文化和民俗文化的特色，开发出农耕展示、农业生产体验、民间技艺、民间节庆活动、时令民俗、民间歌舞等一系列的旅游活动，以此增加乡村旅游的文化内涵。历史依托型和民俗文化依托型的乡村旅游资源开发，在遇到现代商业文明与乡村历史文化、民俗文化的冲突时，应注意保护乡村文化。

创意主导型的乡村旅游资源开发通过挖掘乡村手工艺品、非物质文化遗产等民间艺术，打造乡村创意文化旅游，通过艺术创新丰富乡村旅游体验，吸引游客参与。

科技依托型的乡村旅游资源开发以现代化农业科技园区为依托，通过农业科技生态园、农业博览园、农业观光园、农业产品展览馆、农业科技教育基地、观光休闲教育农业园、少儿教育农业基地等形式，打造集教育、观光、体验、展示为一体的现代乡村旅游业，为游客提供了解农业历史、学习农业技术、增长农业知识的综合旅游活动。

（6）旅游文化在乡村振兴中的作用

文化是旅游的核心与灵魂，而旅游则是文化的载体。中国乡村自古以来就是中华传统文化的发源地，在悠久的历史长河中发展、衍生出丰富多彩的乡村文化，这些文化既是历史文脉的延续，也与当代乡村、乡民的生活密切相关。近年来，随着我国乡村旅游的繁盛，越来越多的乡村旅游开始注重挖掘本地文化，利用特色文化占领乡村旅游市场。旅游文化作为一种内涵丰富、形式多样的文化，在我国乡村旅游发展、乡村振兴建设中发挥着重要作用。

首先，旅游文化有助于加强乡村景区建设，实现乡村产业兴旺目标。旅游文化中包含有大量的物质文化，如古村落建筑、碑刻、雕塑、园林等基础设施，研究利用旅游文化，可以对乡村景区的开发、建设提供科学、合理的指导，推动乡村旅游产业的发展，以实现乡村振兴战略中的产业兴旺目标。

其次，旅游文化有助于提升乡民素质，实现乡村治理有效目标。旅游文化中包含有大量的制度和行为规范，例如旅游景区建设规范、服务规范等，也含有大量的旅游学专业知识。因此，在乡村振兴中广泛传播、应用旅游文化，号召乡民学习旅游文化，可以有效提升乡民的文化素质、丰富乡民的知识结构、规范乡民的行为习惯，实现乡村振兴战略中的治理有效目标。

最后，旅游文化有助于建设乡村文明，实现乡村乡风文明目标。旅游文化博大精深，既包含有大量的旅游活动相关内容，又包含有大量道德文化等内容，如"劝人向善""礼让文明""仁孝文化"等思想。将这些优秀传统文化应用于乡村旅游事业中，可以助推乡村文明建设，改善当地的不良习气，有利于实现乡村振兴战略中乡风文明的目标。

（7）乡村旅游文化建设的经典案例

北京市密云区古北口镇古北口村2001年开始发展旅游业，根据区域内资源，定位为民俗村，打造古镇文化。2008年，古北口村被北京市委农工委评为"北京最美的乡村"，2011年被农业部评为"中国最具魅力休闲乡村"，2019年7月入选文化和旅游部公布的第一批"全国乡村旅游重点村"。古北口村充分利用自然资源、历史人文资源、民俗文化资源丰富的特色，在开发建设过程中，紧扣"古、特、新"三个字，依托资源优势，做足山水文章，深入打造古镇文化（图1-15）。

图1-15　古北口村

在旅游景点建设方面，古北口村开发了一批包括令公庙、二郎庙、药王庙、御道宫灯、长城抗战纪念馆、九曲黄河阵等独具特色的景点，并修缮、重建了古御道、古门楼，以及民居四合院。古御道的建设不仅涉及道路本身，还对街道两边的建筑、墙体进行了修复，并为街道两旁店铺统一制作了烫金木质牌匾，凸显古镇特色。古北口村还在中国楹联协会的帮助下，制作了蕴含古文化内涵的灯笼和楹联，以营造古镇文化气息。在注重人文景观打造的同时，古北口村也注重改善乡村生态环境，通过疏通河流、广泛绿化等手段，使村落呈现出山清水秀的田园风光。

在旅游服务提供方面，古北口村从吃、喝、玩、乐、购、住等方面入手，将农业与服务业相结合，打造出一系列独具民族特色的旅游项目。首先，挖掘满蒙特色小吃。古北口村地处长城关口，既受到关内文化的影响，也受到关外文化的影响，尤其在饮食方面，古北口村打造了包括炒肝、驴打滚、小锅饹饹等特色小吃和特色菜在内的系列特色小吃。其次，打造民俗旅游集市。通过动员本地村民，生产、开发了包括老虎枕、蒲团、传统手工鞋垫等在内的民俗旅游纪念品，每年交易额达数百万元人民币。再次，开办民俗工艺体验馆，成立古北口御道宫灯厂，制作数十类古宫灯，不仅对外出售，还吸引游客参与制作，让游客体验传统手工艺品的制作流程，感受独特的民俗文化。最后，打造农产品品牌。通过成立"北京古北口聚源种植专业合作社"，鼓励农民生产豆类、小杂粮、蜂蜜、水果等农副产品，打通旅游商品产、供、销各个环节，设计小杂粮品牌，以此打造旅游土特产窗口，推动古北口特色农产品走向市场。

▶ 1.6.3　生态文化

（1）生态文化的概念

美国人类学家朱利安·斯图尔德（Julian Haynes Steward）认为，生态文化是人类文化行为与其所处的自然环境之间相互作用的关系。这一概念揭示了生态文化的三层含义：首先，生态文化是一种人与自然关系的价值取向。人与自然是和谐统一的，不能割裂存在，两者之间相互影响、相互作用。自然限制人类的发展，人类的行为又直接作用于自然，对自然产生重大影响。其次，生态文化是以自然生态环境为主的一种文化形态。生态文化的主体是自然，只有自然生态环境发展良好，才能促进人类生态文化的可持续发展。最后，生态文化需遵循生态规律。自然万物都有其自身的发展规律，人类只有认识、遵循生态规律，才能实现人与自然和谐发展。

（2）生态文化的特征

生态文化具有传承性、多样性、可持续性。

传承性是文化的主要特征之一，任何文化形成后都有一个学习、模仿、繁衍、传承的过程。生态文化作为文化的一种，也具有鲜明的传承性特征。例如，当前的生态文化包含有许多中国古代的传统生态文化观念。古代农业生产关于物质循环利用的思想对于今天乡村生态文化建设仍然有着重要的借鉴意义。

生态文化的多样化源自多样的生态环境和民族文化。受到气候和地形的影响，世界各地的生态环境千差万别，不同国家和民族之间存在着经济、文化差异，这些差异反映在人与自然的关系上，则产生了各式各样的环境行为，形成了多样化的生态文化。生态文化的多样性特征对于乡村振兴具有极大的指导意义，各地乡村的生态文化建设需避免"一刀切"的情况，应该具体问题具体分析。

生态文化的可持续性与现阶段人类对大自然的认知有关。在历史上，人类对大自然的认知是不断变化的。在原始社会阶段，人类不理解大自然中的种种现象，因此将其视为神灵，对大自然十分膜拜。随着社会生产力的发展，人类对自然认识越来越多，逐渐掌握了自然规律，并运用自然规律造福人类。工业革命以后，人类对于自然资源进行了过度开发，极大地破坏了自然生态平衡，大自然也以灾难的形式对人类进行各种惩罚。随着自然灾难的增多，人类逐渐认识到了破坏自然的代价，从而转变观念，在生态环境中采取可持续发展的策略，既要在经济发展中利用自然、改造自然，又要在社会发展中保护自然，因此形成了生态文化的可持续性发展特征。

（3）乡村生态文化的培育策略

生态文化是推动乡村生态环境发展的重要因素，培育乡村生态文化应从挖掘乡村生态文化载体、培育乡村生态文化新业态等方面入手。

中国传统乡村文化中有许多蕴含着朴素生态观的理念，这些均可作为乡村生态文化的载体，向民众宣传"尊重自然，顺应自然，保护自然，与自然和谐相处"的思想。如果将这些生态文化载体发掘出来，并将其塑造成乡村农民喜闻乐见的、有生命力的、易于传播的生态文化宣传方式，就能加强乡村农民的环保意识，发展乡村生态文化，助力乡村振兴。

随着我国人民生活水平和消费水平的提高，人们的消费需求结构也发生了变化，"乡土、绿色、纯天然"成为人们追求的目标。这些消费理念带动了一批新业态，这些新业态通过改变产品生产方式、提升产品附加值、打造产业链条的形式，极大地推进了当地的生态文化建设。

（4）乡村生态景观的建设途径

乡村生态景观是指乡村中存在的生态环境、资源景观。从生态文化角度看，乡村生态景观建设应从以下两个方面入手。

第一，绿色基础设施建设。基础设施建设是支撑社会发展的重要保障，乡村基础建设中包含有大量的农田、河流、森林、公园、湿地等绿色基础设施。这些设施调节空气质量，改善水土质量，是乡村生态建设的重要组成部分。

第二，生态系统服务。生态系统服务是指生物多样性保护、净化环境、调节气候和水资源、控制有害生物等措施。生态系统服务要注意多种生物的生态系统布局和优化，提高资源利用率，提升生态景观价值。

（5）乡村生态景观的建设原则

在乡村生态景观建设中，应本着整体规划、突出特色的特点，把握以下几项原则。

第一，可持续发展原则。乡村生态环境建设既要立足于当前经济发展，也要着眼于长远规划，乡村生态景观建设也是如此。首先，对乡村中的空闲土地、基本农田耕地以及生态发展规划进行详细的了解；其次，做好原始自然资源的保护和开发；最后，结合乡村特色，对乡村生态景观进行建设。

第二，生态的艺术性原则。田园景观是乡村中最为传统也是最天然的一种景观，将其设计得更加艺术化，能使之呈现出与众不同的艺术之美。乡村生态景观建设中应将乡村中的原始自然景观放在首位，在维护乡村生态系统平衡的基础上突出生态的艺术性。

第三，整体协调原则。在乡村生态景观建设的过程中，要将生态景观纳入整个乡村的发展中思考，既要与当地的特色地形、地貌相协调，又要兼顾各方利益，达到经济效益、社会效益和生态效益的平衡。

（6）乡村生态景观建设的经典案例

日本合掌村位于岐阜县西北部白山山麓，与日本北陆地区的富山县和石川县接壤，是四面环山、水田纵横、河川流经的安静山村。日本岐阜县素有"森林与溪流之国"的美称，合掌村就坐落在岐阜县白川乡的山麓里。村里的合掌建筑建成于300多年前，分神社、寺庙、民居及其库房等，是为了抵御严冬和暴雪而创造出的适合大家族居住的建筑形式，屋顶为防积雪而建构成60°的急斜面，形状有如双手合掌，合掌村因此得名（图1-16）。合掌村生态环境优美，具有独特的生态文化建筑景观，开发时为确保生态文化资源不被破坏，采取了合理的保护措施。

一是当地村民自发组织，共同成立了名为"白川乡合掌村集落自然保护协会"的民间组织。这个协会约定共同遵守白川乡制定的《住民宪法》。这一宪法中规定，合掌村的所有耕地、树木、山林、建筑均"不许贩卖、不许出租、不许毁坏"，这三大原则犹如铁律，任何村民不得触犯。

二是白川乡合掌村集落自然保护协会制定了《景观保护基准》，针对旅游开发中的道路、建筑景观甚至广告牌都做出了明确的规定。该基准指出，合掌村中的道路均需用泥土、沙砾、自然石铺装，呈现与周围环境融为一体的纯天然状态，而不能使用城市道路修建中的硬质砖铺路，以免破坏乡村的生态文化环境氛围；装设空调、管道以及大的箱体等

第 1 章　乡村文创品牌设计

图1-16　日本合掌村

现代化设备时,必须放置于隐蔽位置或街道后,不对原有的景观产生破坏;户外广告装置也需采用与周围景观相协调的材质建成;除此之外,包括农田、水田、田中道路等自然生态景观,均不许随意改动,必须遵循原状。

得益于这些保护与开发措施,合掌村的原始乡村建筑与天然园林景观相互映衬,构成了一个巨大的天然花园。这个天然花园中设有水车、瀑布、竹林、小溪、花坛、座椅等景观或设施,生态环境和谐,审美价值高,走出了一条可持续发展的乡村生态保护之路。合掌村的乡村开发经验对于中国乡村生态景观建设具有良好的借鉴意义。

➡ 1.6.4 非遗文化

(1)非遗的概念

非遗是传统文化的一种代表性形式,近几年受到越来越多的关注。在国务院发布的《关于加强文化遗产保护工作的通知》中,将非遗定义为:"各种以非物质形态存在的与群众生活密切相关、世代相承的传统文化表现形式,包括口头传统、传统表演艺术、民俗活动和礼仪与节庆、有关自然界和宇宙的民间传统知识和实践、传统手工艺技能等以及上述传统文化表现形式相关的文化空间。"非遗作为精神形态的非物质文化,充分展示了民间生活风貌、审美情趣和艺术创造力,是不同时代、不同民族劳动和智慧的结晶。中国拥有丰富的非遗资源,这些资源大多分布在乡村地区,需要传承下去,但不能仅仅依靠抢救和保护,还要让它融入生活,融入时尚潮流之中,所以要进行创造性发展和创新性转化(图1-17)。在非遗资源与乡村文创品牌之间,存在着

图1-17　崔菲芳设计的非遗文创海报

融合发展的广阔地带。乡村文创品牌的文化价值和经济价值，可以赋予非遗产品更高的辨识度，非遗资源的厚重文化底蕴，也可以借由文创品牌实现市场规模的满足。

（2）非遗文化与国潮设计

随着中国整体市场环境和政策环境的变化，传统元素越来越多地出现在时尚消费品中，表现出当前消费者的文化自觉和对本土文化元素的认同，这股风潮被称为"国潮"。乡村文创设计应利用非遗资源，赋予传统艺术以新的生命，为方兴未艾的国潮设计添砖加瓦。笔者认为，国潮设计并不能满足于传统元素的堆积，而更应注重中华传统文化与精神的传达，具体到乡村文创设计，还要体现所在地的原乡文化。因此，本书所指的非遗赋能，既包括具象的图形符号，也包括抽象的精神文化，在涉及具体的研究内容时，有的结合中国传统美学，有的结合地域文化。如第3章里的"乡村文创标志设计的意境审美"，就是以中国传统意境美学的象之审美理论为参照，探讨乡村文创标志设计的取象和构象之道。

（3）乡村非遗资源与动态、多形态设计

从国际设计潮流的走向来看，抽象化且灵活多变、能够适应多种媒介和动态传播的设计形式，可以更好地与消费者互动，满足他们的情感体验需求，这种形式正在成为文创设计的主流，受到年轻消费者的青睐。在保证核心要素和品牌概念的基础上，让标志与衍生

图形形成有故事性、流动感、可持续扩散的品牌内容，同时从视觉、听觉、触觉、嗅觉、味觉五种人体感觉出发，结合时间、空间两大维度，激活乡村文化记忆，深入挖掘人体感官与人文情感的关联，将乡村非遗资源转化为抽象、丰富、灵动、具有延展性的现代设计形式。具体来说，就是以非遗图形元素为设计素材，遵照一定的视觉构成和结构原理，形成有变化、可发展的统一系列形态，贯穿在基本要素和应用要素设计中，让古老的非遗文化重归现代生活场景，为乡村文创设计助力。

1.7　乡村文创品牌设计的原则

乡村文创品牌设计首先要奠定品牌定位的核心基础，挖掘自身独特的价值，体现鲜明的原乡文化特质和形象；其次是要成为同类产品与服务中的典型代表，在同类市场竞争中赢得消费者的青睐；第三要充分发挥视觉传播的功效，做好品牌的视觉设计，包括基本要素和应用要素的设计，以具有统一风格的标志、字体、IP形象、包装、插画等载体，构建完整的富有活力的乡村文创品牌视觉系统。在设计传播时，注意激发消费者的情感体验，吸引他们参与和支持品牌建设，甚至有些设计可以和消费者互动来完成。只有紧随时代潮流，不断进行视觉设计创新，才能使品牌保持生机与活力。

第 2 章

乡村文创
产品设计

2.1 文创产品设计概述

文创产品的全称为文化创意产品，是指以文化创意理念为核心、具有文化内涵的创新性的产品，是创意人的知识、智慧和灵感在特定行业的物化表现，其核心要义是对文化内容进行创新性转化。文创产品设计是通过分析文化器物本身所蕴含的文化因素，将这些文化因素以符合现代生活形态的形式转化成设计要素，并探求其使用后的精神层面满足，即产品的"体验价值"。文创产品设计处于技术创新和研发等产业价值链的高端环节，科技和文化的附加值明显高于普通产品和服务。

2.2 文创产品设计的基本特征

➡ 2.2.1 文化性

文创产品设计的文化性是指通过文创产品设计显现民族传统、时代特色、社会风尚、企业或团体理念等精神信息。文化性是文创产品的核心内容，人们购买文创产品，不仅仅在于其实用与美观，更重要的在于其具有独特的文化渊源和内涵，能满足人的精神和情感需求。文创产品注重文化的创新，文化创新可以是潮流文化和传统文化相结合，也可以是本国文化和异国文化相结合。同时，文创产品对文化的传承与创新，应当尊重文化本身的"精神内核"，切忌捏造和篡改文化。

➡ 2.2.2 艺术性

文创产品的艺术性是指文创产品设计师应对设计审美规律有所参照，设计作品应对设计审美要素有所展现。艺术性是文创产品基本特征当中最具创造性的，也是最吸引观众目光的特征。应把文创产品作为艺术品进行设计，运用专业的艺术设计思维，合理选择艺术元素，设计出的文创产品应具有艺术价值，在产品造型、材质、工艺上符合形式美法则，满足受众的审美需求，在产品文化意蕴上具有深沉厚重的美的指向，唤起受众对美好生活的回忆或向往。

➡ 2.2.3 地域性

地域文化是文化在一定的地域环境中与环境融合后形成的一种独特的文化。地域文化中最具有代表性的便是方言，通过方言可以了解不同的地域文化。文创产品的地域性设计是依据地域特点的设计，主要包括基于地域环境的适应性设计和基于文化资源的传承性设计两个方面，其实质是一种生态性设计。

不同地域必然有不同的文化空间，所呈现的艺术风格也必然不同。如刺绣这一中国古老的手工艺术，因为受到不同地域文化的影响，形成迥异的刺绣风格。以秦岭、淮河一线为南北分界线，分为南绣和北绣。南绣以苏绣、湘绣、蜀绣、粤绣四大名绣为主（图2-1、图2-2）；北绣以京绣、鲁绣、汴绣、晋绣等地方绣种为主。地域文化的差异要求设计师在设计具有地域属性的文创产品时要了解当地的文化，这样做出的设计才能被受众认同。

地域性设计的基本设计方法是提取传统文化元素应用于现代设计之中，以满足本地域文化共同体的审美心理认同，同时反映相异地区人们文化审美心理的差异感，设计时应概括出文化的共性和个性，反映特定地域的自然风貌和风土人情。有些文创产品对文化的阐释多流于表面，不能够深入地挖掘文化内涵，导致同质化现象的出现。

泰国在挖掘地域文化，以设计创新介入乡村建设方面有很多成功案例。泰国设计师可拉寇特·阿罗姆迪，将泰国扎制风筝的传统手工艺技术加以变化，运用于现代的灯具设计。这些手工竹制灯具赋予了泰国传统工艺新面貌，在参加巴黎家饰展后便源源不断地接到法国、西班牙等国家的订单。泰国人也逐渐认识到可拉寇特的设计和他们的手工艺结合起来所创造的价值。手工艺的复兴为当地萧条的渔村经济带来了新的发展空间。

➡ 2.2.4 民族性

民族指的是一群人的文化、语言、历史或宗教与其他人群在客观上有所区分。一般来说，一个民族在历史渊源、生产方式、语言、风俗习惯以及心理认同等方面具有共同特征。民族性是文化的脊梁，是文化的价值所在，是文化能够发挥积极作用的基础和前提。文创产品最基本的性质、特征和规律，都直接或间接地体现在其民族性之中。对于文化来说，越是

图2-1　苏绣鹤寿图挂屏

图2-2　粤绣五伦图绣片

民族的，便越是世界的。保持民族文化的独特性才能保持文化的多样化，如湘西的土家织锦、贵州的彝族漆器、西藏的唐卡等（图2-3），各具特色，争奇斗艳。

不同的民族所表达的文化特性不同，设计师在设计文创产品之前，应该着重抓住民族文化的精神内核，找到共性与个性。在对文化元素进行提取时，应对民俗故事、纹饰、器物等进行分类梳理，在尊重民族习惯的前提下进行挖掘，设计出具有民族风情的文创产品，更好地弘扬和传承民族文化。

图2-3　唐卡

2.2.5 纪念性

文创产品的纪念性是指文创产品对情感和记忆的承载。纪念是人们在现实生活中的一种感知方式，并以这样的方式不断丰富个人和集体的文化意向，进一步形成丰富多样的人类文明。纪念性要求文创产品除了给消费者带来审美愉悦外，更重要的是帮助人们回顾历史，更了解自身以及周边的世界。纪念性强调消费者与被纪念事物之间的关联性，而文创产品是将纪念性的意义赋予产品以唤起某种记忆（图2-4）。

图2-4 陕西民俗景点的木刻冰箱贴

在进行纪念性文创产品设计时，可采用象征的手法。象征是以形象代表概念，运用象征的手法可以阐明与形象相关联的意义。最典型的象征手法有数目象征（如生日、革命纪念日等）、视觉象征（如品牌形象、纹饰等）、场所体验（如诗词意境、建筑等）。如香山革命纪念馆钥匙扣的设计，提取纪念馆建筑东立面造型作为设计元素，使其具有独特的、可标识化的外形特征，结合"不忘初心"文字与"香山红叶"图形，寓意着继承和发扬香山革命精神，传承红色基因。

2.2.6 实用性

对于中国消费者来说，文创产品的实用性非常重要。2019年，故宫博物院院长、中国文物学会会长单霁翔在浙江绍兴作报告时指出："一款好的文创产品，应该是兼具实用性和趣味性的。"单霁翔认为，文创产品之所以能够为人们所喜爱，在于其用艺术、设计、文化赋能普通物件，为日常生活带来了美感。文创产品的基础是日常生活用品，文创产品要能走进人们的生活，实用性非常重要。如果只片面追求设计感，忽视文创产品的实用价值，文化赋予的美感也只能是"空中楼阁"而已。

拓宽对文创产品实用性的开发思路，从某种意义上来说，也是在为设计师的灵感与才华找寻更多的展现载体。2018年，北京故宫博物院推出了"四方罍"茶具，组合在一起，是一个古代器物"四方罍"的造型，将其拆开以后，就变成了一套由几个杯子组成的茶具（图2-5）。许多以伞为载体的文创产品，往往是在伞外面印上图案或文字，但北京故宫博物院推出的"天穹护佑——藻井伞"（图2-6），却别出心裁地将故宫建筑内部屋顶上的雕花穹顶图案复刻在雨伞的内面，让人在撑伞之时，仿佛身处宫殿之中。这些文创产品设计之精妙，构思之独到，令人拍案。

图2-5 "四方罍"茶具

图2-6　天穹护佑——藻井伞

2.2.7　经济性

经济性是指用最低的能耗达到最佳的设计效果。文创产品设计应该具有较高的性价比，针对消费者群体特征而设定合适的价格。在旅游景点或文博单位，我们常常看到一些文创产品，样式、做工、功能都很普通，就因为印了博物馆或文物的图案，便卖到普通同类产品两倍甚至三倍的价格，导致消费者无论从实用角度还是从收藏角度出发，都不会将其作为首选。文创产品的优势在于通过创意设计，赋予产品文化内涵，提升产品的体验价值，从而使产品具有较高的附加值，让消费者觉得"价格合理，贵有贵的道理"。

设计师应该考虑不同消费层级的群体，设计不同层次的产品，高中低档均有涉猎，同时，相关部门应该加强监管和引导，让消费者有更多的选择空间，从而提升消费者对产品的好感度、复购率等。

2.2.8　时代性

文创产品应当在兼具文化性的同时，符合时代需要，体现时代审美，找到文物与时代的最佳连接点，通过时尚表达，不断激发文物新活力。2022年，甘肃省博物馆推出的"马踏飞燕"丑萌玩偶火爆出圈，原本矫健的铜奔马，被改造成憨态可掬的"小顽皮"。网友点评说："这马看着不是那么聪明的样子"，但"非常可爱"。该产品上市不久就断货，可谓一马难求。这种呆萌丑萌、憨憨傻傻的文创玩偶大行其道，说明让古朴沧桑、老成持重的文物"接地气""聚人气"已成必需。文创产品设计只有融合常变常新的时尚，体现雅俗共赏的趣味，带来新场景、新模式、新体验，才能获得更广泛人群的接受和喜爱。

2.3 乡村文创产品设计的分类

➡ 2.3.1 基于产品的设计对象分类

（1）旅游纪念品

旅游纪念品是指游客在旅游时购买的富有地域或民族特色的纪念品。2018年10月，国家发展和改革委员会等13个部门联合印发了《促进乡村旅游发展提质升级行动方案（2018—2020）》，2018年12月，文化和旅游部等17个部门联合发布了《关于促进乡村旅游可持续发展的指导意见》，乡村旅游的黄金时期已经到来。随着乡村旅游的不断发展，旅游纪念品的设计也日益被关注。目前，乡村旅游纪念品没有形成产业化的经营规模和以设计为核心的纪念品设计理念，很多旅游纪念品千人一面，品质不尽如人意。在旅游发达国家或地区，旅游纪念品的收入占旅业总收入的30%以上，而在我国，尤其是乡村地区，这一收入比例远低于世界平均水平。乡村旅游纪念品的潜力还有待我们去挖掘。

（2）艺术衍生品

艺术衍生品是基于艺术品的艺术价值、审美价值、经济价值、精神价值而派生出的一系列商品。它来源于艺术品本身，却改变了艺术品的自主性、个体性、不可复制性等属性，成为具有审美价值的可批量生产的一般性商品。本书所指的艺术衍生品，主要是基于艺术家作品、影视娱乐、动漫等衍生出来的文创产品。中国乡村蕴藏着丰富的艺术资源，如民居建造中的雕梁画栋，春节时的对联、剪纸，服饰上的刺绣图案等，有些具有很高的艺术价值，完全可以衍生出一系列文创产品。

近年来，河南省美术馆以"艺术点亮乡村"为主题来扶持乡村美术的成长。除了对乡村画家进行辅导、帮其举办展览，还从多方面给乡村产业搭建发展平台，利用精彩的农民画制作文创衍生品，为全省各地农副产品的包装设计做推广，从艺术角度为乡村振兴、文旅融合提供创新理念，拓展艺术与农村产业的合作服务渠道。

（3）生活美学产品

生活美学指的是"美即生活"，强调的是美学回归现实的导向，通过日常经验和审美过程结合，从感性出发来理解和分析日常生活中美的感受。它是对于"日常生活审美化"与"审美日常生活化"最佳的理论诠释，也是现代美学的最终走向，即走向生活。生活美学产品主要是通过对生活的观察，把自己对生活方式的理解渗透到日常产品的细节，创造出美的甚至是引领生活方式的产品。正如乔布斯所说，"消费者并不知道自己需要什么，直到我们拿出自己的产品，他们就发现，这是我要的东西"。中国的乡村生活美学产品与中国乡村生活方式和造物方式相关联，背后蕴涵着深厚的传统文化、地域文化与仪式感。

（4）活动与展会文创

活动与展会文创一般指根据展会、论坛、庆典、博览会、运动会等设计的文创产品，此类产品有较强的纪念价值，但时效性较短，往往会随着活动的结束停止生产和售卖。

2022年3月，云南省普洱市澜沧县大歇场村举办了"大歇场·麦穗云集"乡村创意市集，以文化创意产品为核心，依托大歇场村落空间，通过因地制宜的美陈设计，推动村民与创意团队合作，共同打造沉浸式体验场景，形成独特的消费场域，旨在通过乡村市集为市民游客提供一个交流的窗口，将生活和艺术无缝衔接，让当地非遗文化在创意市集中得到传承和创新，为乡村发展探寻内生动力。

（5）企业与品牌文创

企业与品牌文创指根据企业文化、品牌文化等创作而来的产品，主要用于展示和丰富企业文化、商务礼品馈赠、互联网话题营销等。品牌联名也是目前品牌与品牌之间较为常见的合作模式，如重庆开埠文化遗址公园为推进文旅融合，助力乡村振兴，开启"文创跨界联名计划"，旨在实现不同历史基因、文化底蕴、自然资源的碰撞，从而创造新产品、新内容、新价值。这也是一次城市与乡村的对话，是传统与时尚的融合。通过品牌联名，延续乡愁乡味，传递时代符号，献礼传统节日，促进城乡共振。2022年5月，"文创跨界联名计划"首款产品——红池云乡初粽已正式上市。重庆开埠文化遗址公园位于南岸区南滨路马鞍山，是重庆2020年重大建设项目，包括博物馆、公园、慢享街三大板块，拥有8处文物保护建筑、2处历史建筑和7处复建建筑。红池云乡位于巫溪红池坝镇，生态环境优越，自然景色绮丽，民风民艺浓厚，被誉为"全国乡村旅游重点村""中国美丽休闲乡村"。近年来，红池云乡坚持走深走实"小组团、微田园、生态化、有特色"农旅融合发展之路，是独具特色的生态脱贫旅游镇。相关负责人表示，红池云乡与开埠文化遗址公园的城乡联名，既有助于推动红池云乡产业发展，促进乡村振兴，也有利于开埠文化遗址公园丰富文化资源，带动城市更新。

2.3.2　基于产品的材料工艺分类

材料是人类用于制造产品的物质原料，是一切自然物和人造物存在的基础。设计师应当熟悉材料的特征，并在设计中运用形式美的法则，充分发挥不同材料的艺术表现力，力求产品形、色、质的完美统一。在文创产品设计中，对于材料的运用主要着重考虑不同材料给人带来的情感体验。

（1）陶瓷类

陶瓷是一种人们在日常生活中接触较多的材料，被称为"土与火的艺术"，也是人类最早利用的非天然材料，具有刚度大、强度高的特性（图2-7）。

图2-7　清代瓷器——青花山水人物纹缸

中国陶瓷以精美的工艺、别致的造型和绚丽的釉色闻名于世,是中华民族的文化符号和地理标识。想要设计出优秀的陶瓷类文创产品,设计师需要充分了解陶瓷的时代背景,通过材料的组合、色彩的选择、产品种类的创新,将陶瓷文创产品融入生活美学,传承文化并塑造独特品牌。

坐落于四川省自贡市沿滩区兴隆镇的龙吟陶文创基地,是全国范围内规模较大的陶瓷印章生产基地,生产的印章在陶土质量、产品造型上都经过精心的设计与把控。该基地立足文化产业建设,积极吸纳附近村民就业,让陶瓷印章走进更多人的生活。

敦煌研究院的文创咖啡杯,取名"时间映画",是设计精美的瓷器,其托盘纹样选用莫高窟壁画的石榴纹和卷草纹,重现壁画最初的华彩(图2-8)。石榴纹是祥瑞象征的纹饰之一,寓意多子多福;卷草纹寓意生机勃勃,代指祥云之气。咖啡杯的镜面杯身可倒映托盘图案,不同角度,各显其韵,让喝咖啡变得更加新颖有趣。

(2)金属类

从青铜器时代到铁器时代再到现在的轻金属时代,金属材料一直是人类文明史上最重要的结构材料和功能材料。金属材料具有良好的延展性,金属的光泽、色彩和肌理等给设计师提供了良好的发挥空间(图2-9)。作为文创产品设计师,应当了解和熟悉金属材料的工艺,从而做到游刃有余。

(3)布艺类

布艺是以布为原料,集民间剪纸、刺绣等工艺为一体的综合艺术,通常用来柔化室内空间,营造温馨氛围。有的乡村地区属于纺织产业集散地,每年都可以收集大量的布艺废角料,还有的乡村地区有传统纺织技艺可以传承,这些地区都具备发展布艺文创产

图2-8 敦煌研究院"时间映画"咖啡杯

第 2 章 乡村文创产品设计

图2-9 故宫文创"竹山书堂"金属书签

业的潜力。上海崇明岛的布布瀛创新工作室以创新开发崇明土布，定制服饰、玩偶及文创产品为主，经营崇明土布文创产品的开发设计、手工制作和成品销售，带动了竖新镇惠民村、新河镇新民村等周边村民就业。工作室结合世界流行的时尚元素和崇明传统技艺，创新开发设计土布文创产品，在传承崇明传统的土布服饰、配饰制作工艺基础上，制作出具有崇明特色的文创产品，如土布旗袍、土布衬衫、土布文艺扇子、土布家居及配饰、土布地图、土布玩偶、土布胸针等。

（4）木材类

木材是经过长期生物进化形成的天然高分子材料，广泛应用于家具、建筑、能源、材料等领域，在社会发展进步和人类文明传承中发挥了重要作用。木材容易加工，其肌理丰富，触感柔和，给人以生态自然的感觉。常用木材分为硬木类和软木类。其中硬木又分为两类：一种是红木，如紫檀、黄花梨、酸枝木、鸡翅木等，这类木头多用于制作高档家具或首饰等；另一种是杂木，如胡桃木、樱桃木、榉木等，常用于室内装修。

对于木材类的文创产品设计，应注重考虑对材质从不同维度分类，如从档次、硬度、色彩、肌理等方面分类。根据木材的特性不同，巧妙地借用木材原本的肌理和颜色进行设计，创造出不同风格的木制文创产品（图2-10）。

图2-10　S2VICTOR 设计工作室设计的木制玩具

（5）塑料类

塑料是以单体为原料，通过加聚或缩聚反应聚合而成的高分子化合物，其抗形变能力中等，介于纤维和橡胶之间，由合成树脂及填料、增塑剂、稳定剂、润滑剂、色料等添加剂组成。塑料的优点是质轻，化学性稳定，不会锈蚀；耐冲击，绝缘性好，导热性差；一般成型性、着色性好，加工成本低。缺点是耐热性差，热膨胀率大，易燃烧；尺寸稳定性差，容易变形；多数塑料耐低温性差，容易老化。塑料被广泛运用于家电外壳、办公用品和产品包装等领域，在中低端文创产品市场中较常见到（图2-11）。

图2-11　MonkeyTag吉祥物塑料玩具

（6）玻璃类

玻璃是非晶无机非金属材料，一般是用多种无机矿物（如石英砂、硼砂、硼酸、重晶石、碳酸钡、石灰石、长石、纯碱等）为主要原料，另外加入少量辅助原料制成的，主要成分为二氧化硅和其他氧化物。玻璃已有四千多年的历史，从4000年前的美索不达米亚和古埃及的遗迹里，都曾有小玻璃珠的出土。公元12世纪，出现了商品玻璃，并开始成为工业材料。18世纪，为满足制作望远镜的需要，人们制造出了光学玻璃。1874年，比利时首先制出平板玻璃。此后，随着生产的工业化和规模化，各种用途和各种性能的玻璃相继问世。这些玻璃种类包括热熔玻璃、浮雕玻璃、锻打玻璃、晶彩玻璃、琉璃玻璃、夹丝玻璃、聚晶玻璃、玻璃马赛克、钢化玻璃、夹层玻璃、中空玻璃、调光玻璃、发光玻璃等。现在，玻璃已成为日常生活、生产和科学技术领域的重要材料（图2-12、图2-13）。

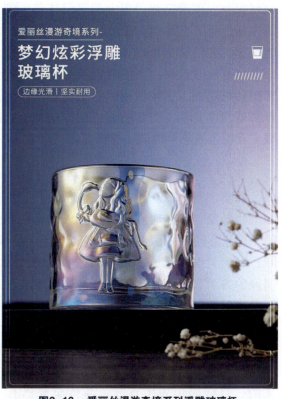

图2-12　爱丽丝漫游奇境系列浮雕玻璃杯

图2-13　故宫文创"宫喵赏莲"双层玻璃杯

手工彩绘玻璃工艺在福建省福州市已有上百年的历史。2010年，福州人赵献从加拿大回到家乡，重新拾起了祖上的这门技艺，创立了彩绘玻璃博物馆。赵献和团队从源远流长的中华传统工艺中汲取滋养，作为创新发展的源动力，不断推陈出新。经过研究，景泰蓝的掐丝工艺转化为可以在玻璃上实现的立线工艺，营造出立体的效果。另外，在中国传统家具制造领域运用广泛的螺钿工艺，是把贝壳镶嵌在家具上，具有强烈的视觉效果，赵献和团队把这种工艺也运用到彩绘玻璃制作上。目前，福州彩绘玻璃博物馆与国家博物馆、首都博物馆、恭王府博物馆、中国台北故宫博物院等十几家博物馆合作，共同打造具有地域文化特色的彩绘玻璃文创产品。

（7）泥塑类

泥塑，俗称"彩塑"或"泥玩"，是中国传统的民间手工艺，用黏土塑制成各种人物和动物形象，制作时在黏土里掺入少许棉花纤维，捣匀后捏制成泥坯，再经阴干，涂上底粉，施以彩绘。中国泥塑艺术可上溯到距今4000～1万年前的新石器时期，此后一直没有间断，发展到汉代已成为重要的艺术品种。两汉以后，道教的兴起和佛教的传入促进了泥塑偶像的需求和泥塑艺术的发展。到了宋代，不但宗教题材的大型佛像继续繁荣，小型泥塑玩具也发展起来。有许多人专门从事泥人制作，作为商品出售。元代之后，历经明、清、民国，泥塑艺术品在社会上仍然流传不衰，尤其是小型泥塑，全国各地都有生产，其中著名的产地有天津、江苏无锡、陕西凤翔、河北白沟、山东高密等。

天津泥人张彩塑是清道光年间发展起来的，自张明山先生首创，流传至今已有180年历史。泥人张彩塑具有鲜明的现实主义艺术特色，能真实地刻画出人物性格、体态；追求解剖结构，夸张合理，取舍得当；用色敷彩，典雅秀丽。泥人张彩塑适于室内陈设，一般尺寸不大，可放在案头或架上。它所用的材料是含沙量低、无杂质的纯净胶泥，经风化、打浆、过滤、脱水，加以棉絮反复砸揉而成的"熟泥"，经艺术家手工捏制成型，自然风干，再施以彩绘。

无锡彩塑相传已有400年的历史，经艺人世代艺术实践，创造出享誉世界的惠山泥人（图2-14）。惠山泥人品类丰富，分为粗货、细货两大类。粗货又称耍货，主要以吉祥祈福为题材，采用模具印坯，手工绘彩，其造型夸张，线条简拙，形态丰硕稚胖，彩绘用笔粗放，色彩对比强烈，主要供儿童玩耍。细货是以手捏为主塑造艺术形象，内容大多以戏剧题材为主，故称手捏戏文。一件作品从脚捏起，从下到上，由里到外，分

图2-14　无锡惠山泥人

段组合，一气呵成。在彩绘上则以细腻的笔触，对人物表情、衣服褶裥等从头到脚进行精致的描绘。手捏戏文再现了戏剧演出的典型场景，突出戏剧人物的瞬间神态，造型生动，色彩艳丽悦目，装饰精美，历久不衰，是人们家居的装饰品和送礼的佳品。

（8）真皮类

真皮是指天然皮革，是比较昂贵的材料，近些年来越来越受到中高档消费群体的追捧，皮革制品也越来越多地应用到更多的生活场景。皮革的类型不同，其特点和用途也各不相同。例如牛皮革面细、强度高，最适宜制作皮鞋；羊皮革轻、薄而软，是皮革服装的理想面料。皮雕是真皮类文创产品中较为常见的艺术形式，一般选用质地细密坚韧、不易变形的天然皮革进行创作，雕刻时以旋转刻刀及印花工具，通过刻划、敲击、推拉、挤压，在皮革表层雕琢出凹凸的层次及纹饰，运用的技巧与竹雕、木雕等技法类似。皮雕艺术起源于文艺复兴时期的欧洲，欧洲中世纪时期就有利用皮革的延展性来做浮雕式图案的器具。1492年哥伦布发现美洲的同时，皮雕由西班牙传入美洲，但一直到20世纪以后，皮雕才成为美洲人的喜好。第二次世界大战后，皮雕由美国占领军传入日本（图2-15），后由日本传入中国台湾，近些年传入中国大陆，在国内开始蓬勃发展。目前，皮革雕刻纹样以人物、动植物为主，如常见的唐草花纹，将花草造型以二方连续

图2-15　日本皮雕大师窪田敦司作品

的形式进行排列，线条优美圆润，给人古典精致、优雅大气的感觉，具有装饰意味。

➡ 2.3.3　基于产品的市场需求分类

（1）消费型

消费型文创产品是指能被消费者消耗，不适宜长时间保存的文创产品，常见的有各种土特产、农产品、农副产品等。对于此类产品，消费者在游玩途中或回家后会对其进行消耗，但因产品有较强的文化属性和鲜明的个性，会加强消费者对产品的好感度和忠诚度，产生重复购买行为，甚至愿意推荐给亲友。

近年来，文创雪糕在各热门景区畅销，从北岳恒山到故宫博物院，从敦煌莫高窟到万里长城，都有文创雪糕的身影。民众对雪糕的需求不再满足于简单的味觉享受，有文化创意和品质

内涵的产品更能征服消费者，售价稍高也能欣然接受。2021年，山西忻州古城推出了"古城雪糕"（图2-16），一经问世，备受消费者追捧。文创雪糕带火了旅游景点，增加了景区效益。一支雪糕在满足大家口腹之欲的同时，也能传播相关文化知识。文创雪糕的思路，未来能应用

图2-16　忻州古城雪糕

图2-17　德氏和沈阳故宫联名款文创雪糕

到各类零食上，比如饼干、巧克力等，不会融化，也方便游客带走作为伴手礼。对于年轻人，文创雪糕不仅成为旅行仪式感的独特表达，也为景点"打卡"增加了创意，还在方寸间吸收了地方文化，更平添了一份历史的厚重感（图2-17）。

（2）保存型

保存型文创产品一般具有较强的纪念性，会带有时代、地域或者某种精神的印记，同时能被消费者长期保存。保存型文创产品种类较多，可以是实用性产品，也可以是纯观赏的工艺品。当消费者使用或欣赏产品时会勾起一段美好回忆，进而联想到产品背后承载的文化。

2016年，二十国集团（G20）领导人第十一次峰会在杭州举行。峰会期间，文创餐具"西湖盛宴"作为国宴餐具亮相，吸引了世人的目光（图2-18）。冷菜拼盘半球形的尊顶盖是最引人注目的器具。尊顶盖顶端提揪设

图2-18　"西湖盛宴"餐具

计源于"三潭印月",尊顶盖上半部图案创意则来源于"满陇桂雨",以杭州市花——桂花与江南翠竹相互依偎展开,寓意美丽的杭州喜迎各国贵宾,同时也体现了G20成员同舟共济、携手合作的精神。尊顶盖下半部分则是以国画写意手法绘制的西湖美景。该文创设计以杭州西湖文化为主题,将西湖美景巧妙应用于餐具上,展现了中国江南的文化气韵,具有很高的保存价值。

(3) 馈赠型

馈赠型文创产品也可称为文创礼品,代表了赠予方的地位和价值认同,一般来说具有制作精致、艺术风格大气、文化内涵丰富等特点,如国家礼品体现国家文化,商务礼品蕴含企业和品牌文化,节日礼品关联节日文化。广东省博物馆2022年中秋礼盒以"花鸟相盈"为主题,提取广绣的花鸟纹样元素并加以创新,辅以高雅明亮的配色,由内而外散发着奢华与精致感(图2-19)。该礼盒以传统文化为核心,以月饼为载体,为文物注入新的生命力,使广绣艺术通过传统节日融入人们生活中,传递了月圆团聚、平安吉祥的美好祝愿。

图2-19　广东省博物馆2022年中秋礼盒

2.4　乡村文创产品设计的方法

➡ 2.4.1　功能性设计

功能性设计是按照乡村文创产品定位的初步要求,在对受众需求及现有产品进行功能调查分析的基础上,对产品应具备的目标功能系统进行概念性构建的创造活动。功能性设计是乡村文创产品设计的早期工作,是设计调查、策划、概念产生、概念定义的方法,也是乡村文创产品开发定位及其实施环节,体现了设计中市场导向的作用。功能性设计以受众的潜在需求和功能成本规划为依据,设计乡村文创产品的功能,经过功能的成本核算后,由专业人员进行产品设计并生产,通过定价,开展针对性的营销,使企业跳出产品同质化陷阱(图2-20、图2-21)。功能性设计的依据是市场细分和产品定位理

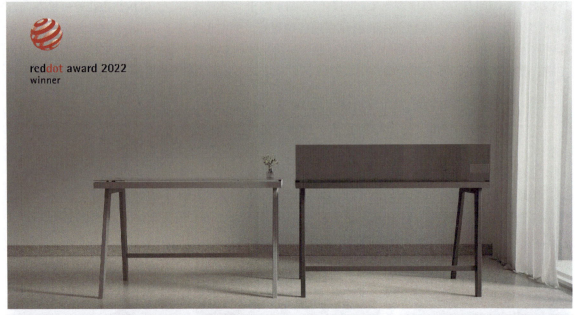

图2-20　Ignite Desk多功能桌设计

图2-21　把剩菜变肥料的垃圾桶

论的深化。市场细分方法有好多种，但归根结底都是以功能细分的。在功能细分后的市场，往往能出现具有绝对优势的新领导品牌。乡村文创产品的目标功能系统包括多种实用功能和一定的审美功能，在产品设计过程中，合理安排产品的功能以及各功能之间的关系是其中的关键环节。

在乡村文创产品的范畴内，功能农产品是近几年使用频率相当高的一个名词。《轻工业发展规划（2016～2020年）》里，关于"食品工业科技发展战略目标"，曾提出"调整食品工业和产业结构，开发方便食品、功能食品和工程食品等各类新型农产品"，也提出了"功能农产品和功能食品"这一概念，说明它是未来农业和食品工业发展趋势之一。从概念上来说，中国的功能农产品是指具有营养功能、感觉功能和调节生理活动功能的食品。它的范围包括：增强人体体质（增强免疫能力，激活淋巴系统等）的食品；防止疾病（高血压、糖尿病、冠心病、便秘和肿瘤等）的食品；恢复健康（控制胆固醇、防止血小板凝集、调节造血功能等）的食品；调节身体节律（调节神经中枢、神经末梢、摄取与吸收功能等）的食品和延缓衰老的食品，具有上述特点的食品，都属于功能农产品和功能食品。虽然功能农产品和功能食品的概念在世界各国有所不同，但一般认为它应具有三个基本属性，即食物的基本属性，也就是有营养还要保证安全；修饰属性，也就是具备色、香、味，能使人产生食欲；功能属性，也就是对机体的生理机能有一定的良好调节作用。功能属性是一般食品所不具备的特性，而功能农产品和功能食品正是这三个属性的完美体现和科学结合，代表了未来高端农产品和食品的发展方向。

2.4.2 趣味性设计

美国认知心理学家唐纳德·A.诺曼在《情感化设计》一书中提到，美感、乐趣和愉悦的共同作用，能给人带来正面的情绪，产生快乐的感觉。这种感觉可以帮助人们解压，激发人们的求知欲和学习能力。目前市场上以娱乐为目的的体验性产品很受欢迎，可以看出人们在快节奏的生活状态下，普遍追求的是一种心灵上的释放和解脱（图2-22、图2-23）。

图2-22　寺田尚树设计的纸艺模型

图2-23 nok.nok摇摆马系列儿童玩具

趣味性设计可以增加乡村文创产品对受众的吸引力，满足受众的情感需求，提高产品附加值，使产品更自然地融入日常生活。由于人群年龄、性别、知识文化层次、社会经历的不同，对趣味的理解方式也不尽相同。从年龄层面来说，儿童和青少年注重外形或颜色带来的趣味，成年人注重产品使用时的情感体验。从性别层面来说，女性喜欢温和的趣味，而男性更加喜欢简单、便捷、明快的趣味。趣味性设计要从以人为本的设计思想入手，充分关注人们的情感，不断拓展设计的深度和广度，如从产品的图形图案、产品使用的感受、产品相关的传统典故、产品的材料及制作工艺方面，都可以挖掘出趣味性因素。

2020年末，中国国家博物馆推出了一款根据真实史料编撰而成的解谜书《博乐·元宵行乐》（图2-24）。它是一部书籍，也是一款沉浸式单人桌面游戏。这本解谜书的创作灵感，来自国家博物馆现藏国宝《明宪宗元宵行乐图》。

图2-24 《博乐·元宵行乐》解谜书

在制作过程中，创作团队不仅根据近十件珍贵文物复刻了《明宪宗元宵行乐图》、牙牌、文徵明原画折扇等多个解谜道具，还再现了明代地形图、明代南京地图、明皇城图、明代京师保卫战布局图四部地图。打破传统纸质书籍单一且枯燥的阅读模式，通过手机应用程序与实体书的配合，在游戏过程中获得身临其境的体验和珍贵的历史知识。书中涵盖30多个道具、100多道谜题，融入了历史、军事、戏剧、物理、几何、心理学等十余门热门学科知识点，让玩家得以一窥明代的历史与传统文化。

除此以外，北京故宫博物院、秦始皇帝陵博物院等也都推出了不同主题的解谜书（图2-25、图2-26）；河南博物院推出的"文物修复大师"系列产品，让大家体验到文物修复的乐趣；苏州博物馆推出了建筑立体书（图2-27），带有趣味性设计的文创产品越来越多。

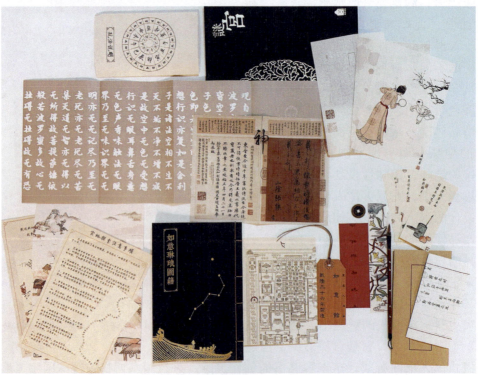

图2-25　北京故宫博物院的故宫解谜书

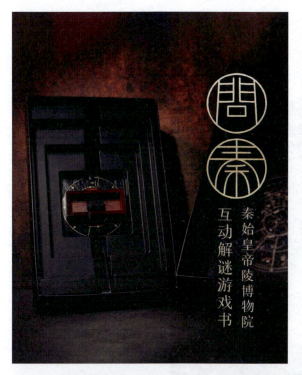

图2-26　秦始皇帝陵博物院的解谜书

图2-27 苏州博物馆的建筑立体书

2.4.3 情境性设计

"情境"一词以及相关理论在文学、建筑、戏剧等领域应用较广,在文创产品设计领域的应用还属初步尝试阶段。适当的情境可以更好地激起人们的心理反应,让人们可以在情感的作用下产生更好的认同和交流,所谓触景生情便是这个道理。情境性设计理念是基于情境感知交互理念而产生的体验式设计理念,强调消费者对于产品的精神体验,让消费者与产品之间产生交流、沟通和共鸣。

文创产品的使用情境主要包括三类:第一类为文创产品本身;第二类为受众;第三类为环境,确切地说是文创产品系统与外部环境所发生的交互关系。文创产品本身大致包括两种:一种是产品的硬件载体,即产品最为本质的物质基础;另一种是附加于产品之上的文化内涵。消费者在使用产品时会不自觉地体会由此而产生的情感共鸣和记忆联想。产品本身所具备的情境空间是被动的,需要消费者去感受和体会。第二类情境是受众,具体来说包括受众的生活方式、消费理念、思维习惯、价值取向、文化认同等。每个人都要受到其所生活的现实空间影响。这类情境空间是主动的,表达着人们源自内心的精神追求。第三类情境是消费者在使用产品时所处的环境。只有真正激起消费者的情感体验,让消费者在精神世界与产品产生交互,文创产品设计才是成功的。文创产品和一般产品相比,其情境较为复杂,设计师在设计时需要对产品的各类情境做出综合考量,让受众体验达到最佳状态。

做情境性设计首先要进行情境信息分析。设计师应充分了解产品的文化情境和受众的生活情境,在此基础上以产品为核心进行相关情境要素的抽取,构成文创产品情境的基础要素,再根据空间组合理论,将这些要素重新组合、拓展与升华,得出多个创意方案,最后对这些创意方案进行论证和完善,选出最佳方案。这一过程往往会用到形象思维、联想思维等构思方式。形象思维可以给予文化创意以艺术性的表达;联想思维可以进一步拓展文化创意的边界,提高文化创意的深度和感染力。设计师要充分运用换位思考的方式,将现实场景中受众代入设计思维过程中,从受众体验的角度来反向审视情境整合的结果,在多个情境要素之间找到平衡点,设计出真正满足受众需求的产品。

设计师在做情境信息分析时,一定要重视现场观察。仅通过问卷调查,很难了解受众真正的动机、目的和情感。只有亲身体验产品的使用过程,观察、理解使用者的情绪变化,才能真正理解受众,把握受众的痛点。现场观察过程中要注意做好场景仿真和场景记录。因为产品有时会为受众创建行为、习惯和需求,所以设置场景来描述受众的日常细节,可以帮助设计师理解受众的情绪变化,从而合理地定义产品与受众的关系。同时,设置场景也可以避免设计师在设计新产品时出现考虑不充分、设计不完整的问题。

收集完受众需求以后,设计师要进行总结和提炼,选择最佳解决方案来满足用户的核心需求,完成并验证产品设计定义。验证定义时,需要构建一个虚构的场景,也就是关键路径脚本,让目标受众体验到产品设计的重要功能,然后设计师通过受众的反馈,来验证设计假设的合理性。这种方法的优点是,在设计假设开始时,可以以较低的成本排除一些不可能的需求,从而提高设计的效率。设计师还可以在脚本中设想更多的可能性，以提高设计完成度。

2.4.4 故事性设计

故事性设计是乡村文创产品设计常用的一种设计方法，是用"讲故事"的方法来传达文创产品的文化内涵，与消费者达到心灵上的共鸣。要讲好乡村文创产品的故事，需要充分挖掘产品的文化背景，可以是特殊的产地、非遗文化、历史溯源、优良工艺、严谨的制造流程等，也可以是非遗手工艺者或设计师的独特情怀。同时，诉说关于产品的故事，并且告诉受众这些产品有趣、重要的一面。讲故事的文案架构必须合乎逻辑，有开端、发展、高潮、结局。在描述产品时，应根据文化的重要性来安排文案中故事的先后，把最重要的文化特征放在标题，在阅读文案的过程中，带领读者从最重要的文化特色逐步走到比较次要的文化特色。

故事性设计的具体方式包括风俗叙事、文学叙事、道德叙事。

风俗叙事主要指通过内容、情节、人物来呈现既定的文化主题，与乡村文化风俗存在着紧密的关系。在文创产品构思与设计层面上，设计师需要为乡村风俗历史的宣传寻找载体，如将风俗纹饰融入文创产品中，可以呈现并展示出乡村风俗文化中的信息、观念，使消费者对文创产品背后的乡村风俗故事有所了解，激发其探索特定风俗的兴趣和热情。设计师也可将乡村风俗元素隐藏在文创产品中，让受众在使用过程中，逐步探寻出其独特的风俗故事。

文学叙事是多层寓意与逻辑的复合体，拥有文学叙事特征的文创产品能在诗意营造与象征构建的过程中，使受众通过逻辑、语法、文字、符号等探究并阐释产品的内涵，进而将其内化为具体的文学意境，使产品呈现独特的历史性和文学性。简而言之，文学叙事注重产品的逻辑性、意境性、思辨性及递进性，通过对特定情节或事件的阐释，将乡村文化所拥有的意境移植到文创产品上，进而传达独特的文学意境、情节或思想。设计师要想利用该设计理念实现意境的营造、氛围的构建及意义的传达，需要将情节进行分解，使每个情节都拥有特定的意境，并在情节的推演下，使不同的情节有所关联，进而实现递进、铆合及照应。

道德叙事主要指将具有哲理性的、思想性的、文化性的意境以说教的方式呈现在观赏者面前，使受众与设计师之间形成无形的道德桥梁，从而通过道德叙事的方式实现乡村文化和文创产品的情感交融。在文创产品设计中，设计师要有选择、有意识地挖掘乡村文化里的道德元素，使受众在叙事角度的变化下，发掘出不同的事件。但在设计理念的层面上，设计师必须从现实生活中获得灵感，使文创产品的故事情节有波澜、有铺垫、有层次。另外，所选择的乡村文化道德观与当下社会的主流价值观特别是受众群体的道德观不能相差太远，以免引起受众的反感与排斥。

对于不同特点的村落，故事性设计的重点也应有所区别。以农产品为主要文创产品的村落，要充分发掘农业产业链，塑造农产品品牌的高附加值，通过土地与生活、自然农法等传递乡村生活方式背后的健康等价值理念，同时挖掘文创项目聚落、新型乡村市集、文化创客集群、研学基地等产业整合联动，推动"农业+"多业态发展并形成产业生态闭环；以民间手工艺品为主要文创产品的村落，要通过手工艺品"见人、见物、见故事、见精神"，还原造物本真，实现手艺赋能，注重手工艺的诗性叙事建构，建立

"生产、生活、生态"的良性循环；以旅游纪念品为主要文创产品的村落，要将旅游纪念品与其他在地旅游资源相结合，挖掘特色旅游资源潜力，通过"适时、适地、适人"等相关活动，进行多维时空下的旅游全角度沟通，营造多维旅游认知沉浸式体验，形成文创生态圈场效应。

➡ 2.4.5　高科技设计

当下，科技的发展正在深刻影响和重塑人们的文化生活，文化力量也在不断丰富科技的应用和表达，两者的深度融合，成为文创产业加快转型升级、实现高质量发展的重要推动力。VR（即虚拟现实技术）以及AR（即增强现实技术）逐步渗入人们的生活，利用VR和AR技术可增加并强化产品叙述性特点。进一步发展出的7D技术通过传感、光感、震动和摇晃使用，五维度场景的包揽，完全模拟真实场景，能让人仿佛身临其境。现在7D技术仅在大型博物馆或体验馆中使用，如果日后设计师将7D技术应用于文创产业，必将突破时间、空间界限，让人们真切地感受到文化的历史与沉淀。设计师需要了解科技发展和应用的程度，利用高科技设计出引领时代潮流的文创产品。

随着科技发展，以数字藏品为代表的"4.0"文创产品陆续在河南省洛阳市涌现，科技赋能下的洛阳文创产业已呈现出新的发展趋势，文创产品也在更好地讲活"洛阳故事"。2022年6月，由洛阳博物馆授权发布的《洛邑盛景》系列数字藏品在"元什"数字藏品发行交易平台限量发售。该系列数字藏品共有5件，其创作原型分别是洛阳博物馆馆藏文物东汉石辟邪、东汉釉陶熏炉、北魏牵手女俑、唐三彩骆驼、唐抬腿陶马。据介绍，该系列数字藏品每件售价39.9元，限量发售3000件。6月3日20时起正式开售，仅3天便售罄。洛阳博物馆相关负责人介绍，数字藏品可以理解为现实物品在元宇宙中唯一对应的物品，其品类包括但不限于数字图片、音乐、视频、3D模型、电子票证、数字纪念品等各种形式。消费者购买成功后，即获得依托区块链技术赋予的唯一标识编码，可以随时欣赏。洛阳博物馆推出数字藏品，旨在把博物馆文化进行线上推广传播，用年轻化的方式打开厚重的历史，让更多年轻人参与传统文化的传播。

2.5　乡村文创产品设计的原则

➡ 2.5.1　以市场为导向的原则

市场导向理念是当代市场营销学的主线，认为受众需要什么产品，企业就生产什么产品，销售什么产品。在市场导向理念指导下，企业从市场需求出发，去规划产品的生产和销售。而且，企业的销售不能仅满足于销售额的短期增长，更应该把眼光放长远，在占有市场份额上下足功夫。因此，企业必须做好市场调查，寻找尚未被满足的市场空间，并通过产品的开发、定价、渠道、促销等策略的制定去满足这种需求。企业则在需求的不断满足中扩大市场份额，长久地获取利润。

乡村文创企业应以市场为导向，适时进行资源合理配置，扬长避短，有针对性地制定市场营销战略，开展市场营销活动，确保企业经营目标得以实现。在进行乡村文创产品设计时，对于提炼出来的乡村文化要素，不能仅做简单的模仿，而是要结合市场需求与现代生活方式，多方面、多维度地与乡村资源相融合，进行再认知、再加工和再创造，形成具有市场影响力的品牌。在遇到突发性事件时，应灵活应对，维护好品牌在受众心目中的形象，确保市场份额，为企业长久发展做好准备。例如2020年至今，荷兰花卉产业蒙受巨大损失，很多鲜花不得不直接废弃处理。为了降低这种损失，荷兰花卉委员会联合企业和花卉艺术家们，在公共区域创造公共花卉展览：20000朵不同颜色的鲜花，富有创意地拼出"让希望绽放"的字样，然后通过网络传播，鼓励全球抗疫战士。这不仅让原本废弃的鲜花有了新价值，还强化了荷兰花卉产业在世界花卉市场上的翘楚地位。

➡ 2.5.2 突出差异的原则

文创产品的差异化和独特性是非常重要的，差异化设计的途径较多，如文化依托、产品品类、产品外观、消费群体、营销手段等方面，都可以独辟蹊径，大胆创新。文化依托差异化指的是产品依托地域文化或品牌文化来实现差异化。地域文化扎根于特定的地域生活环境之中，品牌文化是品牌在经营中逐步形成的文化积淀，代表了企业和受众的利益认知、情感归属，设计师可以将地域文化或品牌文化融入文创产品设计，使产品具有独特性。产品品类差异化是指设计多种不同规格、质量、特色和风格的同类产品，以适应各类顾客的不同需要和价值诉求，避免产品同质化。在实现文创产品品类差异化时，应注重以产品的系列化为导向，统一规范整体形象，明确品牌个性。产品外观差异化包括造型的差异化、色彩的差异化、材料的差异化、工艺的差异化以及展现方式的差异化。消费群体差异化是指根据不同的消费群体的消费需求，进行差异化设计。设计前要进行市场调研，根据市场需求的多样性和购买行为的差异性，把消费者划分为不同的群体，再确定设计策略或方法，做到有的放矢，从而实现产品的多样化和个性化。营销手段差异化是指企业在营销方式上，必须根据市场环境和媒体演变的态势，不断进行更新，以保持品牌的新鲜感，激起受众的购买欲望。

➡ 2.5.3 坚持绿色环保的原则

从人类设计的历史来看，工业设计为人类创造了现代生活方式和生活环境的同时，也加速了资源、能源的消耗，并对地球的生态平衡造成了极大的破坏，特别是工业设计的过度商业化，使设计成了鼓励人们无节制消费的重要介质，"有计划的商品废止制"就是这种现象的极端表现。20世纪60年代，美国设计理论家维克多·帕帕纳克在其著作《为真实的世界设计》一书中提出：设计的最大作用并不是创造商业价值，也不是包装和风格方面的竞争，而是一种适当的社会变革过程中的元素。他同时强调设计应该认真考虑有限的地球资源的使用问题，并为保护地球的环境服务。对于他的观点，当时能理解的人并不多。70年代能源危机爆发后，他的"有限资源论"才得到人们普遍的认可。绿色设计也得到了越来越多的人的关注和认同。

绿色设计，又称生态设计、环境设计，是指借助产品生命周期中与产品相关的各类信息（技术信息、环境协调性信息、经济信息），利用并行设计等各种先进的设计理论，使设计出的产品具有先进的技术性、良好的环境协调性以及合理的经济性的一种系统设计方法。绿色设计着眼于人与自然的生态平衡关系，在设计过程的每一个决策都充分考虑环境效益，尽量减少对环境的破坏。对工业设计而言，绿色设计的核心是"3R"，即Reduce、Recycle和Reuse，不仅要尽量减少物质和能源的消耗、减少有害物质的排放，而且要使产品及零部件能够方便地分类回收并再生循环或重新利用。绿色设计不仅是技术层面的考量，更重要的是观念上的变革，要求设计师放弃那种过分强调产品在外观上标新立异的做法，而将重点放在真正意义上的创新，以一种更为负责的方法去创造产品的形态，用更简洁、长久的造型使产品尽可能地延长其使用寿命。

绿色设计应遵循资源最佳利用原则、能量消耗最少原则、"零污染"原则、"零损害"原则、技术先进原则、生态经济效益最佳原则。资源最佳利用原则包括两个方面的内容：一是在选用资源时，应从可持续发展的观念出发，考察资源的再生能力和跨时段配置问题，不能因资源的不合理使用而加剧其枯竭危机，尽可能使用可再生资源；二是在设计时尽可能保证所选用的资源在产品的整个生命周期中得到最大限度的利用。能量消耗最少原则也包括两个方面的内容：一是在选用能源类型时，应尽可能选用太阳能、风能等清洁、可再生能源，而不是汽油等不可再生能源，有效缓解能源危机；二是设计师力求产品在整个生命周期循环中能源消耗最少，并减少能源的浪费，避免这些浪费的能源再转化为振动、噪声、热辐射以及电磁波等。"零污染"原则指的是绿色设计应彻底抛弃传统的"先污染，后处理"的末端治理环境的方式，而要实施"预防为主，治理为辅"的环境保护策略。因此，设计时就必须充分考虑如何消除污染源，从根本上防止污染。"零损害"原则指的是绿色设计应确保产品在生命周期内对劳动者（生产者和使用者）具有良好的保护功能，在设计上不仅要从产品制造、使用环境以及产品的质量、可靠性等方面考虑如何确保生产者和使用者的安全，而且要使产品符合人机工程学和美学等有关原理，以免对人们的身心健康造成危害。技术先进原则指的是绿色设计要使设计出的产品为"绿色"，要求采用先进的技术，且要求设计具有创造性，使产品具有突出的市场竞争力。生态经济效益最佳原则指的是绿色设计不仅要考虑产品所创造的经济效益，而且要从可持续发展的观点出发，考虑产品的环境行为带来的生态效益和社会效益。也就是说，要使绿色产品生产者不仅能取得良好的生态效益，而且能取得良好的经济效益，即取得良好的生态经济效益。

2022年北京冬奥会和冬残奥会结束后，运营方国家体育场有限责任公司践行可持续发展和绿色环保理念，充分利用冬奥遗产之一的"鸟巢"冬奥座椅套，将其开发成文创产品。首批座椅套变身文创包于2022年上市（图2-28）。"鸟巢"冬奥座椅套分为普通型和间隔型。普通型椅套采用纯色冬奥蓝，间隔型椅套采用冬奥蓝并加入了冬奥雪花元素，起间隔和装饰作用。在北京冬奥会期间，间隔型椅套不用于落座，而是将人与人分隔开，满足"隔一坐一"的赛会要求。

"鸟巢"冬奥座椅套面料是高弹力网布，俗称"三明治"面料，属于经编针织布精品，具有牢固耐用、质地轻便的特点，且添加了阻燃剂成分。由于"鸟巢"冬奥座椅套采用阻燃性织物，直接销毁处理并不利于环保。为了尽可能最大化实现再利用，结合椅套规

图2-28 "鸟巢"冬奥座椅套文创包

格尺寸，文创包成为此次开发的首选方向。首批"鸟巢"冬奥座椅套文创包全部采用间隔用雪花椅套。设计师在秉持环保、创新、时尚、实用理念的基础上，充分展现"北京冬奥记忆"文化内涵。每一个"鸟巢"冬奥座椅套文创包均配备定制化编码牌，对应"鸟巢"每一个座椅编号，独一无二。

同时，座椅套洗涤流程高度自动化，从进分拣系统至烘干完毕，洗涤中无丝毫人为干预，避免二次污染。洗涤用水采用反渗透净水系统，可将钙镁离子、重金属、微生物、藻类、悬浮颗粒物、细菌、病毒等水中99.7%的杂质全部去除，经专业清洗与消毒的座椅套材料亮洁如新。

"鸟巢"冬奥座椅套首批产品为3款文创包。为满足规定负重、振荡冲击性能等使用要求，文创包增加了相应辅助材料。第一款文创包由间隔雪花座椅套和其他辅料合并加工成型。正面雪花面料，每一个包的雪花都呈现不同排列。侧面可放雨伞和水杯，内里隔层细化了各功能分区。织带主体则运用"鸟巢"的汉字展现中国风，采用暗纹的编织手法，可从不同角度看到"鸟巢"字体的变化。运用艺术的手法在织带上点缀红色绣唛，从而塑造文创包的时尚感。第二款和第三款文创包也是由间隔雪花座椅套和其他辅料合并加工成型的，但两款为不同尺寸。第二、第三款采用与第一款相同的定制织带和配饰。方正的造型设计，可适配市面上主流的笔记本电脑。国家体育场相关负责人表示，"鸟巢"冬奥座椅套总计有近90000个，进行环保利用后的第一批产品为文创包，后续还将推出其他文创产品。

2.5.4 遵循系统分层的原则

文创产品的设计应遵循多层次、系统化的设计原则。由于消费者的性别差异、年龄差异、性格差异、文化背景差异，单一的设计无法满足多方面的需求，这就需要文创产品设计师提供出多方面、多层次的设计方案，满足不同消费者的需求，开发出不同价位、不同档次的产品。

高档文创产品设计首先要注重对文创产品品牌的塑造，提高文创产品的文化内涵和审美品位。其次，可采用手工制作，凸显产品的材质美。在包装上应联系产品主题，传达文化神韵（图2-29）。此类产品的价格定位较高，但不一定是主要盈利产品。中档文创产品

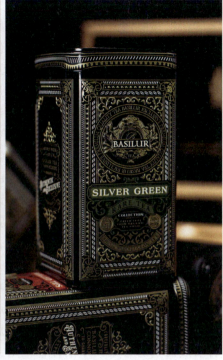

图2-29　塞尔维亚Basilur珍稀茶叶包装设计

设计应考虑消费者对文创产品的内心情感需求、精神需求，最终创造出充满趣味的产品。低档文创产品设计在保证品质和特色的基础上，实现产品的批量生产，选择易加工、低成本材料，保证产品的低价格，同时还应注重文创产品的系列化设计，以方便消费者随意选择。文创产品的系列化设计能强化品牌的知名度，可以拓宽产品的覆盖面和适用范围，以其多变的组合方式，构成丰富的产品系统，适应多元化市场的需求，延长产品的生命周期，提高产品的市场竞争力。

2.6　乡村文创产品设计的基本流程

2.6.1　乡村文创设计项目管理

乡村文创设计项目管理是应用项目管理理论和技术，为完成预定的文创设计目标，充分考虑时间、资源、成本、技术、材料和制造等方面的限制，对任务和资源进行合理计划、组织、协调、控制的科学管理活动。在文创企业经营与新产品、新服务方式开发的过程中，文创设计项目管理起着关键作用，决定着某项工作的成败。文创设计项目管理包括管理准备、规划管理、设计评估等工作。

在乡村文创设计项目开始前，应做好管理准备工作，包括组建文创设计队伍、进行文创设计前期检查及编制文创设计规划书三个方面。在文创设计队伍方面，文创设计经理的作用非常关键，其工作包括编制文创设计规划书、选择文创设计师和文创设计项目负责人、组织和协调文创设计活动、激励文创设计人员、负责文创设计组织与其他部门的协调工作、管理文创设计项目流程。文创设计师团队的构成也很重要。文创设计需要具备多种能力，组织成员应各有所长，能力互补。产品设计师和视觉传达设计师是最基本的岗位设置。文创设计前期检查的目的主要是帮助企业进一步明确文创项目的市场目标，对文创企业内部设计资源做出评估。文创设计规划书包括设计目标、设计计划、设计要求三个方面的内容，其编制要经过市场研究、产品研究、技术研究、交流与评估等研究与活动步骤。

文创设计规划管理是设计管理者对文创项目在执行过程中所做的全面管理工作，对能否达到和完成设计规划书中所规定的目标起着十分重要的作用。对文创设计规划的管理通常可以采取分阶段的管理、新产品设计与开发流程管理、设计规划的品质管理、设计品质与成本管理、设计品质与日程管理等方式。

文创设计评估是在设计过程中，通过系统的设计检查来确保文创项目最终达到设计目标的有效方法。英国的设计管理专家根据设计程序将设计评估分为需求评估、前期评估、中期评估和后期评估四个阶段。需求评估是根据市场中的各种信息情报以及企业内外部各种环境因素，对受众的需求因素做进一步的分析评估，以确保文创设计定位的准确性。前期评估是针对设计需求要素明确以后的多种设计方案，通过评估选择一个最为合适的或具有发展前景的方案。中期评估是对文创设计中的各个细节内容进行评估。后期评估是在工作样机制作和试生产结束后，在文创产品批量生产前还必须进行的评估。

➡ 2.6.2 乡村文创产品市场调查

乡村文创产品市场调查一般可分为确定调查主题与调查目标、制订调查计划、确定调查方法、实施调查计划、提出调查报告5个主要阶段。

（1）确定调查主题与调查目标

乡村文创产品市场调查涉及的范围和内容非常广泛，需要进行调查的问题也很多，不可能通过一次调查解决所有问题。所以，在每次组织市场调查时，应首先找出关键问题和亟待解决的问题，选定调查主题，明确这次调查要完成什么任务、实现什么目标。根据调查主题的性质和调查目的的不同，调查项目可以分为探索性调查、描述性调查和因果关系调查三种类型。探索性调查是在调查主题的性质与内容不太明确时，以搜集资料为主的初步调查。描述性调查是对营销决策所面临问题的不同因素、不同方面的调查研究，强调资料数据的采集和记录，着重于对客观事实的静态描述。做短期营销战略调整时，需要对近些年文创产品需求发展变化做出分析与预测。进行长期战略规划时，需要对城乡居民的收支结构及变化情况、产品社会拥有率、饱和度和普及率、竞争对手现状等情况做全面调查。因果关系调查是为了查明某些现象产生的原因而进行的调查，目的在于确定某种变量的变化受到哪些因素的影响，多种因素的变化对变量的影响程度如何，以及这些影响因素将会发生怎样的变化等。

（2）制订调查计划

乡村文创产品市场调查计划包括资料来源、调查对象、调查方法等项目。资料来源可分为第一手资料和第二手资料。第一手资料指为了调查目的采集的原始资料,可以通过实地考察和深度访谈等得到。大部分市场调查都需要采集第一手资料,尽管费用较高,但得到的资料通常都更有利于解决问题。第二手资料指为了调查目的而采集的已有资料。市场调查人员常常以查阅二手资料的方式进行调查工作。与收集第一手资料相比,收集第二手资料的费用通常要低得多。市场调查前需要确定调查对象的范围,决定采取普遍调查还是抽样调查。普遍调查获得的统计数字全面,但实施成本高。抽样调查是对调查对象总体中的若干个体进行调查。文创产品市场调查多采用抽样调查的方法。抽样调查一般分为非随机抽样调查和随机抽样调查两大类。非随机抽样调查的样本是由调查者凭经验主观选定,因而选取的样本能否代表调查的总体取决于调查者的经验与判断,容易受到调查者主观意识的影响。随机抽样调查是根据随机原则从调查总体中选取一部分调查对象作为调查样本,用样本数据推算总体的一种调查方法。这种调查可以排除抽样时调查者主观意识的干扰,保证总体中个体被抽取的机会均等,因而在市场调查中被广泛运用。

(3)确定调查方法

乡村文创产品市场调查通常借助深度访谈法、人员直接观察法、问卷法等方法来进行。

深度访谈法又称临床式无结构访问,即由训练有素、沟通技能较强的文创市场调查员直接与被调查者进行面对面的询问及讨论,以了解调查对象对某些问题的情感、动机、态度、观点等。深度访谈法实施起来较为灵活、细致,调查员可以通过一对一的交流获得深层次洞察,容易辨别出被调查者回答问题的真实程度;缺点是比较依赖调查人员的专业能力,包括访谈技巧、分析能力等,另外实施的时间长、费用高,导致访谈的样本数量受限。

人员直接观察法是一种单向调查法,主要是由市场调查人员通过直接观察人们的行为,进行实地记录,从而获得所需资料。人员直接观察根据其具体操作方式,可分为单向观察、行动跟踪等形式。单向观察是观察受众使用文创产品和服务的过程,发现使用过程中出现的痛点,从而找到文创产品改良创新的机会,也可以守在产品销售现场,通过观察受众的询问内容与顺序,分析各种类型受众的产品体验。行动跟踪是调查人员通过受众的行动路线分析其兴趣点,重点关注受众停留时的接触点,进行有针对性的文创设计。

问卷法是调查者向调查对象了解情况或征询意见的调查方法,包含一系列开放式和封闭式的问题,要求被调查者选择判断和写出相应的答案。实施的关键在于问卷设计、调查对象选择和环境控制。优势是成本低、数量大,能够较快地得到反馈。基于互联网的在线问卷提供了许多便利,受到的限制也会更少。

(4)实施调查计划和提出调查报告

实施文创市场调查计划包括数据资料收集、数据处理、数据分析。数据资料收集要防止调查出现偏差,以确保调查计划的实施,比如在进行实验法调查时,要正确控制实验条件,保证获得的实验结果的客观性和可靠性。数据处理包括对调查资料的分类、综合与整理,其关键是保证信息的准确性与完整性。数据分析有定性分析、定量分析、经验分析、数学分析等方法,在一项调查中可结合多种方法进行分析,如在定量分析基础上辅之以经验分析,可以较好地保证调查的科学性和正确性。在数据收集、处理、分析的基础上,调查人员必须得出调查结论,以调查报告的形式提交。通过调查报告,可以初步了解文创市场发展现状,从而提出设计策略和解决方案。

2.6.3 乡村文创产品受众行为分析

做乡村文创产品市场研究需要分析受众行为，包括影响受众购买行为的主要因素、受众购买决策过程等，为开发新产品、价格、渠道、促销及其组合提供线索。

（1）影响乡村文创产品受众购买行为的主要因素

影响乡村文创产品受众购买行为的内在因素有个体特征和心理因素。个体特征不同，购买方式、品类、动机也各不相同：如从职业来看，教师更关注具有文化内涵的产品，设计师喜欢具有设计感的产品；从经济能力来看，高收入群体消费能力强，喜欢艺术品位高、能够代表身份的产品，低收入群体则较关注实用性产品。文创产品设计师对受众个体进行分析，根据个体的行为特征，能够更准确地选择产品品类作为文创产品的载体。在心理因素方面，西方心理学者曾提出一些不同的人类动机理论，对受众行为分析和市场营销策略的制订有一定的参考价值，其中最流行的是马斯洛的需要层次理论。马斯洛按需要的重要程度排列，把人类的需要分为五个层次：生理需要、安全需要、社会需要、尊重需要和自我实现需要。值得注意的是，由于文创产品的情感溢价，往往能够满足受众更高层次的需要。

影响乡村文创产品受众购买行为的外在因素有文化因素和社会因素。文化是影响人们需求与购买行为的最重要因素，主要包括亚文化和社会阶层两方面的内容。亚文化以特定的认同感和社会影响力将各成员联系在一起，使这一群体持有特定的价值观念、生活格调与行为方式。亚文化群体主要包括民族群体、宗教群体、种族群体和地理区域群体。社会阶层有其相对的同质性和持久性，它们按等级排列，每一阶层的成员都具有类似的兴趣、价值观和行为方式。个人能够改变自己的社会阶层，既可以晋升到更高阶层，也可能下降到较低的阶层。社会因素是指受众周围的人对他（她）所产生的影响，其中以受到相关群体、家庭的影响最大。相关群体是能直接或间接影响人们态度、行为和价值观的群体，企业营销重要的工作之一便是找出目标受众群体的"意见领袖"。家庭是文创产品最重要的购买单位，家庭成员对购买者的行为影响很大，每个人都会从双亲那里获得知识、价值观等，也会受到配偶和子女的影响。

（2）文创产品受众购买行为决策过程

文创产品受众购买行为决策过程是程序过程和心理过程的统一。程序过程是指受众购买行为中言行举止发展的事务顺序，包括问题认识阶段、信息调研阶段、选择评价阶段、购买决策阶段和购后评价阶段。心理过程是指受众购买行为中心理活动的全部发展过程，是受众不同的心理现象对客观现实的动态反映。这一过程与上述购买行为的程序过程平行发展，一般分为六个阶段，即认识阶段、知识阶段、评定阶段、信任阶段、行动阶段和体验阶段；这六个变化阶段可以概括为三种心理过程，即认识过程、情绪过程和意志过程。

2.6.4 乡村文创产品设计定位

乡村文创产品设计定位是规划文创产品在受众心目中占有的位置，是运用商业化思维分析市场需求，为文创产品设计设定方向，让产品在未来市场上具有足够的竞争力。乡村文创产品设计定位可以从人群定位、价格定位、功能定位、质量定位这几个方面来进行。人群定位是关于产品受众的定位。价格定位是依据产品的价格特征，把产品价格确定在某一个区间，在顾客心目中建立一种价格类别的形象。功能定位是根据受众的需求，结合产品的特点，对产品的基本功能和辅助功能做出具体的规定。质量定位也叫品质定位，是通过强调产品的良好品质而对产品进行定位，也就是通过受众对产品品质的认知来激发他们的购买欲望，并在其心目中确定产品和品牌的位置。需要长期使用和收藏的产品，与用后即弃的一次性消费产品，在质量定位上肯定是不同的。

➤ 2.6.5　乡村文创产品开发中的头脑风暴

头脑风暴法又称智力激励法，是在乡村文创产品设计过程中进行设计发想最为常见的一种方式。它是指以会议的方式，一群人围绕某一特定的主题，通过集体讨论发言的形式互相交流，让参与者的思维互相撞击、互相启发，弥补知识漏洞，建立发散思维，引起创造性设想的连锁反应，从而获得解决问题的方法。

运用头脑风暴法需要遵循思维开放畅想原则、延迟评判原则、追求数量优先原则、相互综合完善原则。思维开放畅想原则提倡求新、求异、求奇。参加者不应该受任何条条框框和传统思维的限制，克服思维上的惯性，尽可能地放松思想，突破自己的知识体系。在思考过程中要求从不同维度、不同层次、不同方位大胆地展开想象，提出独到的见解和想法。有些想法看似天马行空，但通过整合或转化改良，会带来预想不到的新的设计方向。延迟评判原则是不对设想做出消极评价，对提出的设想不分好坏一律进行记录，以充分肯定参会者的每一个想法，激发他们的创造热情。追求数量优先原则是在有限的时间内获得尽可能多的设想。参加会议的每个人都要抓紧时间多思考，多提设想。至于设想的质量问题，可以留到会后再去评判解决。相互综合完善原则是在提出设想的阶段结束后，将所有人的想法进行资源整合，包括将所有提出的设想都编制名称；找出重复和互为补充的设想；分组编制相近或相同性质的设想；分析整理提出的设想，筛选出有价值的设想。

➤ 2.6.6　乡村文创产品设计图

（1）设计草图

乡村文创产品设计草图分为概念草图、形态草图、结构草图。概念草图是设计师对造型的整体感知和最初的思考，属于一种比较简化的图形表达方式。概念草图主要是帮助设计师展开创意思维，研究形态演变过程，进行产品形态的发想，因此可以画得极为潦草，只要设计师自己能够理解就可以了。设计师在最初阶段思考产品造型设计方向时，需要迅速捕捉头脑中一闪而过的潜意识，无须考虑过多细节，在表现技法和材料选择上也没有特别要求，铅笔、圆珠笔、签字笔、马克笔均可。形态草图是设计师用较具象的绘画语言来勾画，表达文创产品设计方案的草图，可借助马克笔、水彩、色粉等工具，粗略展现产品的形态、肌理、材质效果等。结构草图的目的是要找出结构与造型、结构与功能的内在联系，以便更好地分析产品结构。

（2）设计透视图

产品设计透视图需要在二维平面上画出三维立体的产品形态。由于产品设计的重点是在有限时间内完善创意构思，对透视精确度要求不高，因此设计师在绘制产品设计透视图时，无须进行严格的透视作图，但是心中必须有透视的概念，要了解和熟悉透视作图的基本原理和基本方法，如近大远小、近实远虚等。近大远小是指产品存在等长的线条时，近处长，远处短。产品的大小、线的粗细都应随着视距的变化而变化。近实远虚是指因视觉透视形成的近处物象实、远处虚的现象，在产品设计透视图中表现为线的深浅变化、色彩的冷暖和纯度变化、物体的明暗对比和强弱变化等。

透视方法包括焦点透视和散点透视，绘制产品设计透视图一般采用焦点透视。焦点透视又称定点透视，指的是将视角固定在一个位置上，以得到稳定的形象，不同距离的物体得以在同一画面上正确体现近大远小的关系。焦点透视又分为一点透视、两点透视和三点透视。一点透视又称平行透视，在其透视结构中，只有一个透视消失点。正立面为比例绘制，没有透视变化，适合表现一些主特征面和功能面均设置在正立面的产品，如电视机、手表等。当物体的正面和画面成角时，其物体在画面的透视为成角透视，也称两点透视。两点透视适合表现大多数产品。三点透视一般用于建筑俯瞰图或仰视图，在产品设计图中很少使用。

在选取视角时，应最大限度地展现设计构思及产品的主要特征，同时有助于确定产品的比例尺度。产品的比例尺度由视线或地平线的位置以及平行线收敛速度所决定。产品大小不同，设计表现时视线也要做调整，产品大时视线宜低，产品小时视线宜高。

产品设计透视图涉及构图的问题。构图指的是运用设计原理，将艺术要素有序地布局在画面上。设计师需要在有限的平面空间内，对表现对象进行有序的组织，形成整个空间和平面的特定结构。构图看似与产品设计无关，却是提升设计展示效果的有力手段。构图直接关系到产品设计透视图的形式美感，在方案汇报或参加比赛时，构图优美的设计透视图可以提升作品的气质，参加正式的设计方案讨论和评审会也更容易得到认可。另外，恰当的图标和合理的指示箭头等元素的安排，都会使表现效果更饱满生动；潇洒的签名也能体现出设计师的自信。

（3）文创产品工程制图

文创产品设计通常是由产品设计师首先完成产品的形态设计，再由结构工程师依据产品的外观造型来设计内部结构。这是一种由产品外部出发进行的设计，设计师必须了解基本的工程技术语言，了解制图的基本知识，并且能够准确识别和读取制图信息等。文创产品工程制图以三视图的形式来体现，即主视图、俯视图、侧视图。制图者需要具备较强的空间想象力。文创产品工程制图联系设计与生产，把设计具体化、规范化，为工程结构设计、外观造型加工提供了数据支持，是设计表达不可逾越的阶段。

（4）文创产品建模效果图

文创产品效果图应能清晰、准确地表达产品的造型、色彩、结构、材质甚至功能。计算机建模将产品表达由平面转换为立体，更直观地呈现出设计师的创意。建模过程中，设计师要严谨、理性地考虑各种制约因素，不断调整设计参数，处理好产品细节的问题，使设计更完善更合理。建模完成后要进行产品的渲染，渲染时应处理好光影、材质和色彩的问题，通过反复调整和尝试，得到最佳的视觉效果。对于渲染的不足之处，可以用平面软件Photoshop进行调整和补充，如增添标志、优化肌理效果等。

2.6.7　乡村文创产品的打样

　　乡村文创产品按形态基本分为平面与立体两种。在大规模生产前，平面产品要经过打样，立体产品要先制作模型。

　　打样是使平面产品获得预期效果的必要途径。平面形态的乡村文创产品包括图书、插画、书签、明信片、手绘地图等，这些产品的大规模生产要通过印刷，打样就是在印刷前进行的一种工艺。在平面作品打样之前，应与印刷专业人员充分沟通，确定印刷数量、纸张类型、纸张克数、印后工艺、制作周期等。打样具体流程包括小样和大样。在平面作品展开图尺寸较大的情况下，小样是平面设计师用来布局的大致效果图，通过小样可以预估效果，从而调整版式和色彩设定等方面的问题。大样与成品尺寸一致，设计师可通过大样进一步预估成品效果，与客户进行沟通，征询印刷专业人员意见，必要时对设计做出调整。打样的质量直接影响印刷产品的质量，必须给予足够的重视，所采用的材料、工艺、生产条件应与大批量印刷时尽量一致，尽可能地保证印刷效果。

2.6.8　乡村文创产品的模型制作

　　模型是根据实验、图样比例而制作的产品样品。由于模具开模的费用较高，风险较大，所以多数情况下会先选择模型制作，通过评估后再进行模具开模。模型制作加工简便快捷，可以反复推敲和检验产品造型，发现设计中的不足之处，再做进一步完善和改进，相比直接制作产品来说，可以降低验证成本。由于模型有助于对真实产品的感知，设计师与非专业设计的委托方沟通起来会更便利。通过模型模拟展示产品，是一种较好的设计表现与沟通方法。

　　模型按功能分类，分为草模、展示模型、手板样机三种类型。草模属于简易模型，也称为粗模，用来表现设计师的初期设想，是设计师表达想法的最简单的探索方式。通过草模，可以对设计进行推敲和修改，为进一步设计奠定基础。草模在选择材料时应以易于加工成型为原则，一般以纸、石膏、黏土等为首选。展示模型是展示设计效果的模型，也叫表现性模型，一般需要表达出产品的真实形态，展现设计师的设计意图。这类模型通常采取模拟真实产品的质感和效果来完成，但制作材料一般和实际材料有所不同，塑料材质较为多见。由于真实产品的制作成本往往较高，而此类模型成品较低且仿真效果较好，因而常被用于设计展示交流和设计效果评估。手板样机是一种综合的实验模型，是工业设计领域应用比较普遍的检验设计成果的方法。手板样机是产品量产之前，通过手工和加工设备辅助结合完成的模型，符合产品的生产技术和工艺要求。通过手板样机能够检验产品外观和结构的合理性，以展览等方式得到市场用户的反馈，可以降低直接开模的风险。

　　模型按材料分类，分为纸模型、石膏模型、泥模型、木材模型、综合材料模型。纸质材料可塑性强，可用折、叠、刻等多种方式进行加工，种类也比较多，如瓦楞纸、铜版纸、白卡纸等不同厚度和肌理的纸张，多用于包装、灯具等产品的模型制作。石膏材料成本低，质地较为细腻，且具有一定的强度，有良好的成型性能，可以进行细节雕刻，能够长期存留。石膏模型的常见成型方法有雕刻、旋转和翻制等，具体成型方式应根据模型形态而定。泥材料可塑性强，弹性好，表面柔韧，根据其成分分为水性黏土和油性黏土，采用水性黏土材料制作的模型称为黏土模型，而采用油性黏土材料制作的模型称为油泥模型。木材质量轻，色泽自然，纹路富于美感，易于加工成型和涂饰。综合材料模型指根据产品造型及材质，选择合适的多种材料进行结合，避免使用单一材料的局限性。

➡ 2.6.9　乡村文创产品的3D打印

3D打印又称增材制造，它是以数字模型文件为基础，运用可黏合材料，通过逐层打印的方式来构造物体的技术。3D打印机与普通打印机工作原理基本相同，只是打印材料有些不同，普通打印机的打印材料是墨水和纸张，而3D打印机内装有金属、陶瓷、塑料、砂等不同的"打印材料"（图2-30）。打印机与计算机连接后，通过计算机控制可以把"打印材料"一层层叠加起来，最终把计算机设计图变成实物。3D打印的特点是不需要机械的额外加工或模具，就可以直接生成较复杂的形体，可以缩短产品的制造周期，从而降低生产成本。3D打印起初用于制造模型，后来逐渐用于产品的直接制造，在珠宝、鞋类、工业设计、航空航天、牙科和医疗产业、教育、地理信息系统、土木工程等领域都有所应用。在乡村文创产品设计领域，有了3D打印做技术支持，设计师就可以将主要精力放在设计上，不必在模型制作上花费过多时间和精力。

图2-30　美国Formlabs3D打印机

第 3 章

乡村文创
标志设计

3.1 标志在品牌形象中的地位

标志是人类在长期社会实践中，形成的以视觉图形传达信息的象征符号。对于品牌设计来说，标志不仅提供识别的方便，而且具有传达品牌信息、助力广告宣传的作用。在品牌视觉识别系统中，标志是核心要素之一，是整体视觉系统设计展开的原点。标志设计的好坏将直接影响品牌形象，乃至决定品牌推广的成功与否。

3.2 标志设计的形式要求

标志设计在形式上有特定的要求，主要体现为简洁性、识别性、延展性。

➡ 3.2.1 简洁性

从标志的发展史来看，它是按照由简到繁，又由繁到简的规律在演变和发展，但这种变化并非简单的重复，而是根据时代的需要在不断进步。20世纪中叶以后，标志设计开始由烦琐走向简洁，追求醒目度、识别性和易记忆，以适应快速传达信息的要求。而且，简洁并不是简单，简洁是在保留品牌标志独特性的同时，去掉不必要的多余元素，以符合时代审美潮流的方式，突出表现标志的核心识别元素。

➡ 3.2.2 识别性

品牌标志的识别性与辨识度、统一度、独特性、易记性密切相关。作为标志首先要容易辨识，在各种复杂的应用环境里都拥有很高的辨识度，能被人轻易感知和快速识别。其次，标志的形式和品牌个性要统一，准确反映品牌内涵，意义明确，名副其实。第三，形式上独特新颖，便于记忆。标志设计追求的是卓尔不群，体现出品牌独特的气质与内涵，从而将品牌形象深深植入受众的脑海中。

➡ 3.2.3 延展性

延展性是指品牌标志在各种触点中都有良好的识别性与辨识度，保持与品牌个性的高度统一。标志与标准字、辅助图形等要素的组合应灵活多变，能够适应不同的版面。有的标志本身形态就是不固定的、流动的、可拓展延伸的，可以与不同的触点进行匹配和无缝对接，这种标志代表了未来一段时间内标志设计的发展趋势，被称为多形态标志，其设计法则包括发射组合、模块组合、图形家族、填充组合、多向维度、连线组合等。多形态标志既可以横向衍化为并列关系，又可以纵向衍化为从属关系，形成的标志矩阵能够用于满足不同层级关系的标志需求。

3.3 乡村文创标志设计的符号建构

标志设计是一个符号化和符号解读的过程,具体来说就是把抽象的、无形的理念,借助于有形的视觉符号,按照一定的原则和规律,创造性地实现符号聚合,以达到传播最大化的目的。可以说,标志设计的全过程,无一不是依仗符号的操作和运用。引入符号学原理,从符号学视角去探析标志背后的潜在意义,已成为标志设计研究的新路径。

3.3.1 符号学的发展历程

人类对符号的使用由来已久。早在原始社会,人们就开始自觉或不自觉地用符号来交流信息,表达意愿。随着人类文明的推进,符号不断地被发掘和运用,并且不断丰富。日本学者持上嘉彦指出,当事物作为另一事物的替代而代表另一事物时,它的功能被称为"符号功能",承担这种功能的事物被称作"符号"。"符号学"一词来自古希腊语semiotikos,美国实用主义哲学家查尔斯·桑德斯·皮尔斯最先使用这一术语。他的符号学从20世纪30年代起受到学界的普遍关注,掀起了一股符号学热的浪潮。符号学的另一位大家——瑞士哲学家索绪尔著有《普通语言学教程》一书,书中指出:符号学是"表明符号由什么构成,符号受什么规律支配……语言学不过是符号这门总的学科中的一部分。"索绪尔第一次把对符号的研究当作一门新学科提出,创立了符号学。之后符号学逐渐形成两大流派,即以研究逻辑为主的流派和以研究语言为主的流派,而且涉及诸多人文社会学科,影响非常广泛和深入,成为一门跨学科的综合科学。

3.3.2 标志符号的性质

符号的种类众多,语言是最常见的一种符号,此外还存在着大量的社会文化符号,如手势、象征仪式等。符号学家们对语言符号和非语言类的社会文化符号进行了研究,德国哲学家恩斯特·卡希尔认为所有的文化活动都是符号形式,包括神话、宗教、语言、艺术、历史、哲学、伦理、法律和技术,符号有自己的规则和结构,这种由规则和结构组成的符号系统,就是符号形式。美国符号论美学家苏珊·朗格在卡希尔理论的基础上提出了自己的论点。她认为在人的内在生命中,有着某些真实的、极为复杂的生命感受,它们交织在一起,时而流动,时而凝止,时而爆发,时而平息,这就是所谓的内在生命形式。对于这种内在生命,语言文字无法忠实地再现和表达,只有靠艺术才能把它呈现出来。朗格又称语言为推理符号,因为它的表达明确而固定,足以胜任确切的表达事物。而恰恰又是这种逻辑结构,使它不可能充分表现情感或内在生命,不可能呈现那种你中有我、我中有你的交错矛盾状态。按照苏珊·朗格的符号论美学理论,我们可以推断出,标志是一种表现性的情感符号,要带给人美的享受和心灵上的震撼。作为一种形式极其简洁的艺术情感符号,标志不但要在视觉上呈现人的内在生命,而且往往体现为一种集中、强化了的生命形式,是生命河流中最突出的浪峰。

3.3.3 标志符号的构成

索绪尔认为:符号是"能指"与"所指"的构成。"能指"是指符号本身的"能够指示他物"的功能,"所指"则是指此符号指示的事物是什么。判断某一事物是否构成符号,关键要看它是否是一种"能指",即具有指向他物的功能,也就是"所指"的能力。"能指"和"所指"在理论上具有分割的可能,但在实际应用中是不可分割的,就像一张纸的两面一样。索绪尔的符号学理论是一种二元关系,即他所说的"任何语言实体的存在只能通过符号之间的联系来起作用。"对于标志来说,一个图形往往并不代表自身,它只是一种符号,其价值主要在于"所指",即某个商品或品牌。作为标志符号,必须由"能指"顺利地过渡到"所指",让受众领会到标志形象背后潜藏的意义,所以不能太晦涩难懂,同时这个过渡还应该产生审美愉悦,不能太单调或太快速。如果要进一步发挥标志符号的魅力,就不但要处理好"能指",把它处理得生动美观,独特醒目,还要注意"所指"的深度和广度,要能使人从单纯可见的"能指"看到丰富深邃的"所指"。关于标志符号"能指"和"所指"的构成,可以借用中国美学的意境说来理解:"能指"是蕴含情感、意味的意象,"所指"则是由象入境,由意象触发多层次、多方面的联想,获得深层的审美体验,而且这些联想、体验又是与品牌形象、价值观紧密相联的。

还有一些符号学家运用"还原法"来研究这两者的关系。他们先把符号还原为"能指"与"所指"的构成,找到"特定的符号意味着什么?",然后把"能指"与"所指"的关系还原为意义,明确"它如何表现意义?"最后还原出关系背后的社会文化编码规则,也就是说"为什么它意味着那种意义?"这种"还原主义"的思路对分析标志受众的需求有所帮助。我们可以把"看得见的、显见的物质需求"看作能指,同时把"看不见的、潜藏的心理动机"看作所指,找到这对关系背后的意义所在,剥离出"文化的意味"或"经济的意味",再据此进行有针对性的设计。

3.3.4 标志符号的特征

标志设计是一个把抽象概念视觉化的过程,通过具象的创意符号刺激受众,再依靠受众的经验和联想来解读符号,达到传达信息的目的。标志符号必须具备以下特征。

(1)冲击力

冲击力是指符号所构成的画面要足够抢眼,能够在众多的同类标志中脱颖而出,瞬间引起观众的注意,达到"第一眼吃惊"的效果。设计师需要了解什么样的视觉符号对受众最有吸引力,而根据心理学家的研究结果,女性符号、儿童符号、温馨符号、残破符号等较之其他符号更具冲击力,更能吸引人们的注意。

(2)认知性

认知性是指符号的意思明确,使受众准确解读,不能有歧义产生。在做到"符号抢眼"之后，就要突出标志设计的意旨所在，拉近标志符号与品牌个性之间的联系，用进一步的设计表现帮助受众完成从吸引到感知的心理过程。也就是说，标志符号的能指与所指必须衔接和谐，要让人感到"意"与"象"之间的过渡自然。很多失败的标志就是因为仅注重符号的冲击力，而没有在认知性上下足功夫，导致受众在解读标志时感觉一头雾水，不知所云。

（3）定位性

任何语言都只能在一定范围内被理解，只有具备相关文化背景的人才能接收到该符号的信息。品牌设计师必须明确受众的文化背景，进行有的放矢的设计。

（4）独特性

符号一般强调同一性和标准化，这样才容易被理解。但是作为标志符号，独特也很重要。通常的符号虽然易于识别及传播，但不容易引起注意，不能刺激受众的视觉神经，无法留下深刻的印象。比如男女卫生间的标识，大家都能识别，但如果设计仅止步于此，就会缺乏趣味和个性，应根据具体环境和人群进行不同的设计，力求独特和创新。

3.3.5 标志符号的表现手法

在符号的"能指"与"所指"间存在不同的关联方式，这就为标志的表现提供了多种可能。皮尔斯从符号媒介表征对象的角度，将符号划分为三种类型：图像符号、指示符号、象征符号。该论点在图形研究理论领域得到了普遍认可。这三种类型同时也是图形的三个层次，它们之间是一个程度不断深入、信息含量不断增大的递进过程。

（1）图像符号表现法

图像符号是通过模拟对象而构成的符号。这类符号的"能指"与"所指"在形态或意义上相近，具有再现性、纪实性的特点，在传达信息时往往能够跨越文化障碍，达到明晰易懂的效果。标志的符号再现方式包括具象的图像和图形，图像符号复现对象的部分视觉信息，图形符号利用不同对象之间的关系构建信息与含义，受众在信息解读过程中再建符号的意义。

（2）指示符号表现法

指示性符号的"能指"与"所指"并不一定是生活中相似的事物，但在某些方面存在关联。这种关联可以是时间上的，可以是空间上的，也可以是因果关系上的。符号的关联性在得到受众的认可后，就具有了指示功能，如门的图形可以作为建筑物出口的指示符号。环境指示标志是指示性符号的典型代表。

（3）象征符号表现法

象征符号的"能指"与"所指"间本没有必然的联系，但通过设计师对"能指"事物特征的突出描绘，使受众产生由此及彼的联想，从而领悟到标志设计的意旨。象征符号是约定俗成的结果，它所指涉的对象以及有关意义的获得是由长时间多个人的感受所产生的联想，即社会习俗集合而来的，是群体思维同化的结果。

上述三种符号表现法对于理解标志设计中的符号应用有重要的参考价值。要注意，三者之间的差异性只是相对而言。皮尔斯曾经指出："要找到任何一个没有指示性的实例是非常困难的。"他的这句话可以理解成任何符号几乎都有指示性，都会引起接收者对对象的注意，因此都有指示性的成分。在现实生活中，三者的结合应用非常普遍，如生活中常见的"请勿掉头"的交通标志就同时使用了图像、指示、象征这三类符号表现法。

➡ 3.3.6 乡村文创标志符号的编码与解码

英国学者斯图亚特·霍尔提出了关于编码与解码的理论。他认为任何信息在进入大众传播领域之前都必须先进行"编码"。首先，信息必须以某种符号的形式在传播领域中流通，因为"没有符码的操作就没有明白易懂的话语"；其次，"加工"就意味着材料的取舍，这就难以避免倾向性。事实上，它是一种有选择、有目的的加工，它所反映和表达的是信息发布者希望促进的舆论。编码只是大众传播的一个环节，它是否在社会实践中收到预期的效果，还有赖于接收者的解码活动。解码是信息被阅读和理解的过程，信息正是通过解码进入到社会实践的结构中，产生一定的意义效果和一系列"复杂的感知、认识、情感、意识形态或者行为结果"。而且，编码与解码之间并没有构成一种"直接的同一性"，二者的符码并不是完全对称的。某一信息可以由不同的读者以各异的方式解码，解码过程具有多义性与复杂性。

品牌的背后是文化，在设计乡村文创标志时，需要考虑消费者对于乡村文化符号的认同感。乡村传统的文化符号包括物质、精神和社会制度三个层面，从这三个层面出发，可艺术化编码的乡村文化符号表现为：①以固态可见的物质形式存在的符号记忆，如承载历史痕迹的特色建筑、民居住宅等固态存在的物质载体；②乡村的农耕精神、手作民风、传统民俗等承载村民精神寄托的符号记忆；③乡村的传统祭祀仪式以及节庆文化活动的符号记忆。这三类符号记忆是形成不同地域环境差异的符号记忆元素。因此，在提取可艺术化编码的符号记忆时，要立足核心内涵来挖掘和提取符号意义，提取包含村民生活记忆且认同性强的乡村文化精髓进行艺术融合，将独特的乡村文化记忆符号重新编码，创造出富有文化意涵的乡村文创标志。

乡村文创标志的符号编码方式可以分为固态化编码、叠加化编码两种。固态化编码是指将地域性乡村文化元素改变其物质存在状态的编码。固态化的含义源自物理的物质状态改变，例如水经过固态化结成更加坚硬的冰。固态化编码将饱含村民千百年来生存记忆的传统手工艺固化成简洁生动的标志图形，保留了村民的符号记忆，强调了乡村传统文化的保护与传承。叠加化编码是在乡村原有地域文化元素的基础上叠加现代元素，形成标志的编码形式。叠加式编码是一种传统与现代的碰撞，如运用新媒体技术，以动态方式来呈现品牌标志，或以贴合时尚潮流的方式来展现乡村文创品牌背后的传统文化。叠加化编码将城市发展中的现代化文明加入叠合在乡村古朴的土地上，实现了城市与乡村文化的碰撞，这也是一种古今文化的碰撞。

标志符号是传达乡村文创品牌信息的载体，它既可以表达明确而固定的概念，也可以呈现无法言说的情感。从"能指"到"所指"，它实现了由直观形象表现抽象理念的无限可能。品牌设计师应了解标志符号的表现手法和编码方式，在掌握基本规律的基础上，努力发掘符号的潜能，将新的经验和见识编织到符号创意中去，从而创造出个性化的、符合时代精神的新的乡村文创标志符号。

3.4 乡村文创标志设计的意境审美

乡村是具有自然、社会经济特征的地域综合体，与城镇共同构成人类活动的主要空间。实施乡村振兴战略是建设现代化经济体系的基础，亦是传承中华优秀传统文化的有效途径。发展乡村文化创意产业，是实现乡村产业转型升级、推动乡村振兴的重要手段，但现阶段中国很多乡村文创品牌存在同质化的现象，需要建立个性鲜明、具有独特视觉美感的品牌形象。

➡ 3.4.1 象之审美与意境美学

中国美学史上很早就有关于"象"的论述。《周易·系辞》提出"圣人立象以尽意"，"象"指卦象，是用来象征"意"之中所隐含的吉、凶、祸、福等意蕴的。梁代的刘勰在《文心雕龙》中说："窥意象而运斤"，首次提出"意象"的说法。唐代刘禹锡在《董氏武陵集记》中说："诗者其文章之蕴邪？义得而言丧，故微而难能；境生于象外，故精而寡和。"他明确地提出"境生于象外"的主张，点明了意象与意境的关系。近代学者王国维在《人间词话》中说："状难写之景如在眼前，含不尽之意见于言外。"指出意境要有象外之象，象外之意，要让眼前的形象引发联想，让人去想象，去体会，去思索。所谓意境，就是象和象外之象的综合。当代学者宗白华在前人基础上提出了意境层深结构说，他认为意境"从直观感相的模写，活跃生命的传达，到最高灵境的启示，可以有三层次。"这"意境的层深"是由象之审美到气之审美，再到道之认同的融通合一、逐层升华的创构。对于乡村文创品牌标志设计来说，"象之审美"主要体现在取象和构象两个方面。

➡ 3.4.2 乡村文创标志设计的取象

"取象"即形象的选取。标志的形式应简洁单纯，富于美感和视觉冲击力，在设计之初就要选取最具代表性和典型性的形象，以一当十，以点代面，以凝练的造型表达丰富的内涵。乡村文创标志的取象主要有三种方式，即以品牌名称为象、以品牌历史或地域环境为象、以品牌的经营内容为象。

（1）以品牌名称为象

以品牌名称为象是最直观、最易于识别和记忆的取象方式。可以单独用字体作为标志的形象，为了突出品牌的个性，应对文字按照视觉设计规律进行艺术化的加工、美化和装饰，形成字体标志。字体标志应具备易读性，在设计中不能随意变动书写规则，也不能随意改变笔画及结构。字体的整体编排要有美感，要以视觉流程为依据，利用对称、均衡、对比、韵律等法则进行组合，营造视觉美感。连字设计是近年来应用得非常普遍的一种字体组合方式，通过把多个文字进行连接、融合，形成一个统一的整体，使品牌的个性更加突出，避免竞争对手的仿冒，也有利于表达品牌的深层内涵。连字设计有的强调外形的轮廓感，比如把标志外形处理成椭圆形、三角形、菱形等，给人耳目一新的感觉；有的在笔形上寻求变化，比如曲笔直化、转角圆化、起笔与收笔处进行设计等。也可以将字体和图形相结合，图文并茂，字图一体，传达的信息更充分，识别性更强。如果是和具象图形结合，比如和该乡村地区代表性的景观结合，标志的含义会较为直观、明确，记忆点突出；如果是和抽象图形结合，则较为雅致含蓄，在美感上能经得起时间的考验，不会轻易过时，同时给观者的联想空间更大，所触发的象外之象与象外之意更加丰富。除了计算机制作的字体，手写体也可设计成字体标志。不同的书写工具会造成不同的笔触，可以营造出更具温度感的品牌形象。如果乡村文创品牌想要突出品牌的质朴风格与历史感，可以将手写体与象形文字结合，其稚拙的风格会使人想到乡村的淳朴天然；也可以将手写体与篆书篆章结合，其古雅的风格会使人想到乡村的历史古韵与人文之美。

（2）以品牌历史或地域环境为象

这种取象方式刻意强调品牌悠久的历史传统或独特的地域环境。中国幅员辽阔，乡村的风貌与特色各异：有的乡村历史悠久，文物古迹众多；有的乡村风景如画，湖光山色美不胜收；有的乡村是少数民族聚居地，有着浓郁的民族风情。这些都是乡村文创品牌标志设计的灵感来源和形象资源。在强调品牌历史时，应注意收集当地的历史典故、民间传说，以视觉的方式呈现出来，用标志设计讲好品牌故事。上海木马设计在设计贵州安顺的文创品牌"山水林花"时，注意到当地的夜郎传说。"夜郎自大"的故事吸引着人们到"夜郎故地"观光和探秘。木马设计的设计师们走访了当地原住民，详细了解了夜郎文化流传至今的神秘故事，将这些故事以漫画形式呈现在文创品牌设计中，突出了"山水林花"的民族特色文化。在处理这类标志的形象时，不妨多从传统造型中吸取营养。传统造型是一个时代的历史文化观念、审美观念、价值观念在设计上的物化表现，如雕塑中的石雕、木雕、玉雕，建筑上的彩画、藻井图案，织物上的蜡染、扎染、刺绣，戏剧中的脸谱及服饰等。这些传统造型为标志设计提供了宝贵的素材，有助于强调品牌的历史感。在强调地域环境时，则应多深入当地村落取象。中国古代文人在创作时非常注重观物取象，以"俯仰自得，游心太玄"的观照法来感知世界和创造艺术形象。汉苏武诗："俯观江汉流，仰视浮云翔。"晋王羲之《兰亭序》："仰视碧天际，俯瞰绿水滨。"又《兰亭序》："仰观宇宙之大，俯察品类之盛，所以游目骋怀，足以极视听之娱，信可乐也"等等。这些"俯观仰察"又是多角度、多层次的，并不局限于某一固定的角度和位置。中国古代山水画家喜欢徘徊于山水之间，登高望远，以大观小，根据整个画面的节奏来经营组织各部分，正所谓"以咫尺之图，写千里之景。"作为设计师，在为乡村文创品牌设计标志时，要尽可能地走遍乡村的每一个角落，用心观察、感受、思考，准确捕捉当地自然与建筑景观的精华，把它们转化为美轮美奂的标志形象。

（3）以品牌经营内容为象

文创品牌的经营内容，是指品牌经营者所能提供的产品和服务，是以创意理念为核心，发掘器物背后的文化因素，结合现代生活作创新性转化的结果，是知识、智慧和灵感的结晶。中国乡村蕴藏着无尽的文创资源，农牧渔产品、非遗手工艺品，甚至民居的房梁瓦片，废弃的石磨、料槽都有升级为文创产品的潜能，还有乡村旅游衍生出的各种体验服务，都可以作为文创品牌的经营内容，成为标志设计的表现对象。在产品和服务已经得到市场认可甚至追捧的情况下，标志以经营内容为象会把消费者对产品和服务的好感转移到品牌上，有助于品牌资产的积累。

➡ 3.4.3　乡村文创标志设计的构象

"构象"即形象的构建。标志设计在确定形象之后，需要进一步概括、取舍或重新组合，注入设计师的情思，使标志成为具有感染力的艺术形象，也就是前面所述的"意象"，引发观者的思考、想象，产生意境之美。象外之象和象外之意纷呈叠出，互相触发，联类无穷，美不胜收。由于艺术形象构建方式的差异，所触发的意境类型也有所不同。乡村文创标志设计的构象，主要有三种方式，即叠象、反象和变象。

（1）叠象

叠象是指两种或多种形象并置构成的标志形象。马戴《落日怅望》诗句"微阳下乔木，远烧入秋山"，将直觉形象（夕阳西下）与幻想形象（野火烧山）并置，由真与幻并列触发联想。杜甫的"朱门酒肉臭，路有冻死骨"，则通过相反的画面并列产生鲜明的对立感。叠象包括重叠组合、连接组合和分离组合。重叠组合是指不同图形之间有重叠之处。如果图形的色彩相同，重叠的部分也仍然是同色。如果色彩不同，重叠的部分或处理为第三种颜色，或处理为一个图形遮盖另一个图形。前者称为"透叠"，具有高度的透明感，灵动而富于情趣；后者则形成前后两个层次，增加图形的空间深度感。连接组合是指不同图形的轮廓有重复的部分，连接在一起时会产生意想不到的形体，如间隙空间和螺旋曲线的出现（图3-1）。分离组合是指不同图形之间保

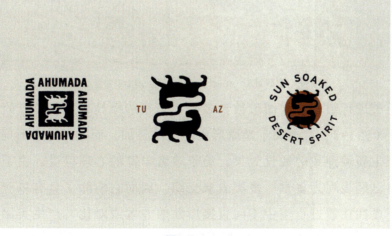

图3-1

图3-1　墨西哥Ahumada Mezcal Mocktail龙舌兰酒品牌设计

持一定的距离进行组合。在图形数量多时，必须选择具有共同特点的图形，以保持形象的整体性（图3-2）。叠象不是原形象的简单叠加，而是通过多形同构形成一种超越而突变，产生新颖别致的视觉效果，给予观者丰富的心理感受。由于叠象包含众多形象，意境中已经表现为多重、多类表象交织，因而它们除了具有单一形象触发联想的功能之外，还往往通过意境中不同直接形象的并置或对比，产生类比感、接近感、发展感、哲理感，并进而触发更为复杂的象外联想。

第 3 章　乡村文创标志设计

图3-2

图3-2　波兰Lyahovichok乳制品品牌设计

（2）反象

反象是指由于观看视点的不同而产生反转的标志形象，包括双重形象、正倒共存和反转性远近错视。双重形象是随着观者视点改变而交替出现的形象。典型图例是鲁宾之杯，如果将杯子作为图形，侧面人像就成为基底；如果将侧面人像作为图形，杯子就消失成为基底。正倒共存是观者看完正像之后，观看位置改变，从倒立方向能看到新的形象，也就是正像和倒像都存在于同一形象中。反转性远近错视是因为观者的观看方法不同，导致局部形态时而靠前，又时而退后，形成了形象的反转。

无论是双重形象、正倒共存还是反转性远近错视，当观者注意观看一个形象时，另一个形象就隐退消失，因而反象的美感在于视点转换而产生的"虚实相生"。蒲震元教授在《中国艺术意境论》里说："在创作与欣赏中，意境均表现为实境和虚境的统一。在审美观照中，实者虚，虚者实，实境化为虚境，虚境又映照实境，往复运动，生生不息，给人以意境美。意境美越生动、强烈与富于想象性，作品的艺术水平就越高，审美价值越大。因此，探明与把握意境之实境与虚境，及虚实相生的艺术法则，对创造高度的艺术美是十分必要的。"沈复在《浮生六记》里说："大中见小，小中见大，虚中有实，实中有虚，或藏或露，或浅或深，不仅在周回曲折四字也。"这段话谈的是园林艺术，但用来理解反象所营造出的意境美也完全说得通。乡村文创品牌标志设计以反象来构建形象，可以避免平庸、浅白、粗陋，增加视觉趣味，让观者在视点的转换中慢慢咀嚼回味，体会虚实相生的意境美。有些乡村的传统艺术如剪纸，就大量运用反象的手法，把它们移植到乡村文创标志设计中，可以突出品牌的趣味性与民俗性。

（3）变象

变象是指动态或多形态的标志形象。美国品牌专家马丁·纽梅尔在《品牌差距》中认为品牌不是一套模式化的形象，是产品与消费者之间的关联，是文化和物质之间的纽带，是人们对一种事物或一个事件的综合感知。进入互联网时代，乡村文创品牌所要面对的媒介和材质是混合性的。在网络环境中，人们可能既是信息的创作者、传播者，同时又是信息的消费者。动态与多形态成为标志设计的发展趋势,消费者可以更多地参与到标志的设计过程中来,品牌形象甚至可以由和消费者互动来完成。在这种情况下,品牌标志不能再固守理性刻板的格式,标志形象的可延展性、可系列化成为设计的关键因素。在保证核心要素和品牌概念的基础上,让标志与衍生图形形成有故事性、流动感、可持续扩散的品牌内容。如位于贵州省的云古小镇的标志设计,以形似云字的三条弧线构成,在实际应用时,只要加上不同的点缀装饰,即可形成各种不同的图形:与单弧线结合,成为山脉;与小方点结合,则成为乡村的民居。

① 动态标志。动态标志是静态标志在数字化时代的发展,拓宽了标志设计的广度。动态标志设计是在静态二维画面的基础上,增加时间维度,通过软件在时间线上打关键帧,最后在二维屏幕的虚拟三维空间中,实现位移、旋转、弹跳、发射、发光等动画效果。动态标志更适应新媒体的传播环境,除了在视觉效果上更加生动活泼以外,还可以加入声音效果,通过视听一体化,加强对感官的刺激,使标志更具娱乐性和趣味性。

② 多形态标志。多形态标志是指不拘泥于单一规范、灵活多变的标志形象。从设计法则来看,多形态标志体现为发射组合、模块组合、图形家族、填充组合、多向维度、连线组合。发射组合是借鉴传统图形创作规则,以品牌核心视觉形象为基础,用对称法则的手段,从一点由内向外发散出多变的图形。模块组合是将图形或文字模块化,在网格中进行对位组合,构成群组图形。图形家族是在相同图形里进行局部变化,达到大同小异的视觉效果,或用相近手法创造出系列图形。填充组合是在固定的视觉格式内,如同填充游戏般将图文填充在特定位置,填入的图文应与原形象有明显的形态或色彩差异,以保证识别性和节奏感。多向维度是拉伸标志的某一局部,形成纵向深度,或以切割打散重构的方式建立系列图形,在主体风格统一的情况下,产生多维且多变的系列品牌标志。连线组合是过点连线或过字母连线,通过改变线条的形状衍化出多形态标志。

③ 标志的内容共创。标志的互动方式与多形态的衍化方式密切相关。设计师在进行多形态标志设计时,已经为消费者参与标志内容共创留存了发挥的余地和空间。所谓标志的内容共创,是指设计师和消费者通力合作,共同创造品牌标志。设计师为消费者构建起创作平台的同时,也构筑起品牌与消费者对话的渠道。设计师会在标志上预留出一定的空间,鼓励消费者在空间里定制自己喜欢的内容,从而加深他们对于品牌的认知和感情。消费者定制生成的标志往往带有个性化的特征,对于消费者个人来说具有收藏价值,会在其社交媒体上引发二次传播和消费,对于乡村文创品牌推广具有积极作用。

标志的内容共创包括自定义填空、参数生成、鼠标点击互动、多点触控互动、重力感应互动等多种方式。自定义填空是指消费者在预留的空间里,自由地放入自己喜欢的内容,可以是图形、图像,也可以是文字,这些内容会使标志的形象变得丰富多彩,同时也不会影响标志的识别性。参数生成是指设计师建立了一套公式、规则或算法,用户在输入参数后,可以生成代表自己独特的个性化标志。鼠标点击互动是指用户在网页上浏览信息时,通过控制鼠标与标志进行互动,一般可以通过鼠标的点击、拖拽等操作行为完成互动,互动的过程往往比较短暂。多点触控互动是指用户用手指滑动界面,通过可触控的屏幕与标志进行互动,得到多形态的标志。重力感应互动是指标志在具有陀螺仪功能的手机上呈现时,用户可通过倾斜手机使标志形态发生改变,倾斜的角度不一样,得到的标志形态也不一样。

④ 变象标志的适用范围。动态标志形式独特新颖，娱乐性强，多用于偏艺术和娱乐性质的乡村文创品牌，如乡村艺术机构、乡村文化艺术节等。多形态标志既可以横向衍化为并列关系，又可以纵向衍化为从属关系，形成的标志矩阵能够用于满足不同层级关系的标志需求。有些乡村文创品牌的结构复杂，旗下子品牌众多，每一个子品牌都需要有一个标志，这种情况下就适合用多形态标志。

⑤ 变象标志的美感。变象标志具有内容丰满、流动变化的美感，尤其当整个视觉系统展开时，更显得千变万化、气势宏伟。正如司空图在《二十四诗品》中所说："具备万象，横绝太空。""行神如空，行气如虹。巫峡千寻，走云连风。""天风浪浪，海水苍苍，真力弥满，万象在旁。"这是一种交响乐般的美感，会产生强烈的艺术感染力，引领观者进入到标志所营造的雄浑宽广的艺术意境中去。

乡村文创标志设计的构象，还必须考虑到美的指向问题。一是要注意在形象表现上，是否具有鲜明的原乡文化美感。原乡文化是植根于乡村的地方性文化，包括乡村生产生活文化、历史文化、民俗文化、教育文化等，是长期以来乡村持续稳定发展的内生力量，是乡村文创品牌标志设计的核心资源。一些历史悠久、具有鲜明民族和地域特色的原乡文化，已经被联合国教育、科学及文化组织和中国政府界定为非遗。原乡文化美感必须在深度挖掘原乡文化特色的基础上建构，与其他乡村地域文化相区别。二是在形象传播上，要体现双重作用向度：对内获得乡民的认同，能够展示乡民的集体价值观和意志力，提升乡民归属感和凝聚力；对外获得目标消费者的注意，赢得他们的心智，提升品牌的知名度和影响力。只有在标志设计的象之审美上综合考虑，将地域文化与时尚潮流融为一体，营造出雅俗共赏的意境美，才能实现乡村文化发展和经济发展的同频共振。

乡村文创品牌应具有鲜明的个性，视觉形象是建立品牌个性的最佳途径。以标志为核心的品牌视觉识别可以建立差异化的品牌认知，让品牌形象获得凝聚力，使品牌具备强辨识度。乡村文创品牌标志设计的取象与构象决定了其艺术美的高度，要对乡村文化资源进行整理和思考，深入挖掘其历史底蕴与核心价值，提取最具原创性以及与现代审美相契合的元素，加以概括、取舍、组合，创造出具有原乡文化美感的乡村文创品牌标志。在这一过程中要注意调整美的指向，使标志在观者脑海中形成象外之象、象外之意。乡村文创品牌的标志设计应高度重视象之审美，通过新颖独特、富于变化的标志形象，营造出美的意境，赋予传统文化与民俗文化以新的生命，打造强势文创品牌，推动乡村振兴发展。

第 4 章

乡村文创
字体设计

4.1　乡村文创字体设计概述

随着文化创意产业的浪潮席卷全球，我国已开始探索开发适合自己的文化创意设计的方式，特别是乡村地区，可以依靠自己的传统文化资源来树立文创品牌形象，传播乡村文化和发展乡村经济。从目前的趋势来看，字体设计在文创设计中的作用越发重要。字体设计应结合乡村地域文化进行创意，设计具有本土艺术风格的字体，使其具有浓厚的地域特色和独特的地区文化元素，以将其转换为可以与文化创意产品整合的元素，实现传统与现代、文化和设计的融合，赋予文创产品更深厚的文化内涵和新的文化活力，促进乡村文创产业的发展，全面弘扬中华文化，让世界了解中国，让中国走向世界。

4.2　中西文字体的发展历程

4.2.1　汉字的发展历程

汉字历史悠久，是使用时间最长、影响最深远的文字，对日本、韩国、朝鲜、越南等亚洲国家的文明产生过巨大影响，其发展历史可以划分为三个阶段，即古文字、今文字和印刷文字。

古文字以甲骨文、金文、大篆和小篆为代表。甲骨文是殷商时期刻在龟甲和兽骨上的文字，当时殷商人通过烧灼甲骨占卜，观察裂纹判断凶吉，然后将具体的问卜内容记录在甲骨之上。金文是铸在青铜器上的铭文，青铜在先秦时期被称作"金"，因此这种文字被叫作"金文"。制作金文要先在未干的黏土上用工具进行雕刻制作成范，然后灌注熔化的铜液，其笔画变化多端、线条柔和饱满。甲骨文和金文合称甲金文，属于脱胎于图画的符号文字。大篆产生于周代，线条趋于均匀柔和，字形结构也较为规范。秦始皇统一全国后，为了打破由于文字书体不统一造成的交流障碍，命李斯在秦国原有的书体大篆基础上，经过规范和简化，系统性地整理出了小篆。小篆几乎完全脱离了图画文字，成为整齐和谐的方块字体。

现今的文字以隶书、楷书、草书、行书为代表。隶书由古隶发展而来，是中国文字发展的分水岭，主要特点是破圆为方，确定了以纵横线条为基本视觉元素的结构。隶书摆脱了刀工的限制，书写便捷迅速，可以运用毛笔落笔的轻重缓急造就笔势和笔画的变化，文字的符号性、识别度更强。楷书又称正书，或称真书，是汉隶书的变体，字形规范，结构严谨，被视为汉字的标准书体，也是孕育汉字印刷体的母体。在中国书法史上，北朝的碑志题铭和唐代欧阳询、颜真卿、柳公权等人的作品是楷书艺术的代表（图4-1）。草书是快速书写和不断简化而自然产生的字体，挥洒自如，曲折连绵，最能显示中国书法抒情见性的表现意识。行书弥补了楷书书写速度慢和草书辨识度低的问题，笔画结构接近楷书，笔法吸收草书自然流畅的特点，既方便书写又容易辨识，具有很高的实用价值，至今依然是流行的手写书体。

印刷文字是指供排版印刷用的规范化文字形体。时代的审美需要是影响印刷字体形状变化的主要因素。在古代，流行的书法字体往往是当时统治者所推崇的书法字体。大众对书法的审美会被统治者的态度引导，从而影响到印刷字体的流行趋势。印刷字体向着大众审美的方向发展。一直到民国时期，书法字体都是主流字体，所以书法印刷字体也始终是当时的主流印刷字体；但是在中华人民共和国成立后，社会生活趋于稳定，审美开始多元化发展，字体的设计分工越来越细化，字体设计的意识开始苏醒。特别是在改革开放后，中国逐渐走向国际化，受欧美和日本字体文化的影响，中国的印刷字体变得更加多样化。

图4-1　颜真卿楷书

汉字的发展历程反映了中华民族优秀传统艺术的继承和发展。中国传统文化以端庄、工整、对称为审美原则，字体的构成和演变表现出和谐统一的审美原则。中国自古就有"天人合一"的观念，主张是否符合自然的节奏是衡量一切的标准。汉字的构成也遵循这个规律，用符号的组合表现物体的含义，其线条在结构上具有对立统一的规律，体现了中国古典哲学的辩证思维。汉字艺术之所以渗透着民族文化精神，是因为其与中华民族文化同步发展，与时代政治、经济、文化紧密相关。

4.2.2　西文字体的发展历程

拉丁文字是西文的代表，起源于腓尼基人的表音文字。在与腓尼基人商贸往来的过程中，希腊人吸收了腓尼基文的16个字母，形成了希腊语书写系统的雏形，后来逐渐发展为现代英语字母表中的26个字母。

拉丁字母如果按其笔画特征分类，大致可分为衬线体、无衬线体、手写体和其他字体四大类型。衬线体指的是笔画两端带有装饰性的衬线的字体，这种字体是碑刻、平头笔时代和早期印刷时代的产物，起源于古罗马的石刻拉丁字母。15世纪铅活字印刷术的发明极大地推动了欧洲文艺复兴运动的蓬勃发展，而文艺复兴时期产生的印刷体也为西方字体文化的成熟奠定了基础。意大利的波多尼体粗细线条对比强烈，同时又有很好的易读性，在今天仍被广泛地应用，是拉丁字母的代表性衬线字体之一。

19世纪无衬线体的出现改变了拉丁文字的发展轨迹。无衬线体字形与汉字字体中的黑体相似，完全抛弃了装饰衬线，只剩下主干，造型朴实简洁，符合现代人的审美标准，具有很好的识别性和强烈的视觉效果，常用于标题文字和指示性文字。1957年，瑞士设计师创造出了赫勒维卡体，现在已成为西方世界使用最广泛的无衬线体（图4-2）。20世纪的现代主义设计浪潮提出了新字体设计的口号，不断打破过去的书写规范，追求新颖独特的抽象形式。如德国包豪斯的设计师们喜欢使用矩形或圆形来构成字形，而且这些字体的曲线具有相近的曲率，线条在粗细比例和视觉风格上也高度统一，使得不同字母之间的差异变小。此类字体非常适用于品牌标准字。

拉丁字母是西方五千年来文字发展演变的产物，由于其变化的多样性，在整体字体设计中具有很强的优势。现在使用的现代拉丁字母大致可以分为三种类型：垂直的、弯曲的、垂直和弯曲的组合。简洁的结构特点为拉丁字母的组合设计提供了便捷。

图4-2　赫勒维卡体

4.3　汉字字体的设计方法

汉字具有深厚的文化底蕴，这是拉丁文字所不具备的。汉字的每个字都被赋予其独特的含义，都有自身的历史积累，通过意象的设计体现了望文生义的理解习惯和根据形态联想的思维模式。从汉字的造型来看，它所表现的是中国人对自然美规律的理解和非凡的表现力，在统一中包含对比，在变化中包含协调。从外观来看，它远比拉丁文字复杂，具有独特的形式美，其笔画和结构也是千变万化。各种笔画在不同结构中交叉，形成充满动感和张力的字形。现代汉字的设计在融入新的形式感的同时，加强了形象和情感的表达，力求探索汉字更深层次的含义。

设计汉字，首先要考虑间架、中宫、重心、字重及笔画这五大因素。间架是字的点画安排与形式布置。中宫的概念来自于唐代欧阳询创制的九宫格，中宫越大，字面越大，字的布局更具现代感，字形趋于几何化，但过大的字面会造成不同字之间大小不匀称，影响阅读效果。重心的高低会影响字形气质，重心接近正中位置的汉字平正、自然，重心偏上则高挑，偏下则沉稳、敦实。字重是指字笔画的粗细，具体设计时选择字重要慎重，过轻会造成字的识别度低，过重容易导致品牌标准字在缩小时细节模糊。笔画的设计是在同时考虑间架、中宫、重心、字重的情况下进行的，手法大致分为简化、断开、连接三种。对笔画形状的设计也很重要，关系到广告和品牌的气质。

其次，要把握字体设计的原则。字体设计的原则包括识别性、艺术性、统一性和适用性。设计的目的在于将文字更加准确、清晰、生动地展现给受众，要在可识别的基础上对字体进行变化和创新，使字体个性更加鲜明，同时还需要融入设计师自己的情感和心绪，在视觉上给人以美的感受。如果是一组字的设计，在间架、中宫、重心、字重及笔画上要遵循一定的规律，在明确字体"家族特征"的基础上再处理字体局部的变化。字体的风格设计要考虑品牌个性、受众群体、应用环境等诸多因素，避免跑偏和失误。

第三，要了解字体设计的流程，在设计实践时按步骤进行，有条不紊，思路清晰。具体来说，字体设计的流程包括设计定位、灵感构思、创意草图、提炼综合、修改完成五个阶段。正确的设计定位是设计好字体的第一步，在对相关资料进行收集与分析的基础上，考虑字体应传递何种信息内容，给消费者以何种印象，信息是否有先后次序，是否需要编辑等。灵感构思阶段则要尽可能地融入自己的情感，在脑海里不断勾勒字体设计的画面。可以参照一些优秀的设计作品，借鉴它们的结构或笔画的特点。有了想法后，先用草图记录下来，可以使用记号笔、色粉笔和水粉笔等工具。在绘制草图的基础上，进一步提炼综合，针对设计的每一部分，逐个进行提炼和发展，以找出最佳方案。最后将方案通过软件进行加工，全面考虑形态、大小、粗细、色彩、纹样、肌理以及整体的编排，以达到预期的效果。

第四，要掌握字体设计的基本方法，也就是块面组合法、线段连接法、手绘描摹法、字库改造法、西文借用法。块面组合法是以几何块面为笔画，先设定好笔画的粗细，接着进行组合造字，构建出基本的结构字形，最后调整细节，对局部进行断笔、共用和删减等处理。线段连接法是应用设计软件里的钢笔工具，通过改变字体线段的粗细曲直和断连关系，从而设计出不同风格的字体。手绘描摹法适合于表现手工感、质朴感的字体，先在纸上绘出完整的字体形式和细节，然后扫描录入计算机，运用软件进行描摹绘制，尽量还原手绘稿的原貌，并对字体细节加以修饰。字库改造法是以中文字库内的字体为基础，做加法或减法的整合，改变笔画的细节，使新字体在形式风格上有别于原字体，个性更加鲜明突出。西文借用法是借用拉丁文字的字体设计，首先把拉丁字母全部展开，然后选取其中的某个完整字母，或截取字母中的一部分，进行中文字体的搭建，搭建时既要满足汉字结构的基本需求，又要保留拉丁字母的笔画特点，达到西文中用的目的。

4.4 拉丁文字的设计方法

拉丁文字在字形上与汉字有很大不同，做拉丁文字的设计，首先要了解基线、x字高、轴线、字碗、字怀、衬线这些概念。基线是西文字母的基座假想线。大写字母大多在基线以上，但也有例外，如J和O。为了与其他字母在视觉上保持平衡，圆形构成的字母会略突出基线。x字高是小写字母的高度，一般以x的高度作为衡量标准。一些小写字母会略高于x字高，以保证字母之间的视觉大小平衡，如e、o等。设计衬线体的时候会使用到轴线的概念。轴线是有圆形部件的字母的中轴线。字碗是产生封闭空间的笔画弯曲的部分。字怀是字母中包围形成的负空间，即生成封闭空间的字内腔体。衬线是衬线体最典型的特征，是笔画两端带有装饰的形状结构。

拉丁文字的设计还要考虑视错觉与视觉平衡、负空间与字间距的问题。不同的字形因为笔画与结构的不同，字面所占据的体积与形状会产生差异。字与字之间若要统一调性、消除差异，就必须对字形结构与笔画进行调整，以消除视错觉的影响，让不同字母之间形成融洽和谐的关系，做到视觉平衡。拉丁文字的负空间变化很大，如果刻板地使用单一字间距，会造成节奏混乱，影响到可读性和美感。可以把拉丁文字依据外形分为方形、圆形和三角形三种，根据外形的不同，再结合字怀的形状与空间，对字间距进行精微的调整。

4.5 字体设计对乡村文创设计的重要性

4.5.1 字体设计是提升乡村文创形象的重要途径

优秀的字体设计可以增加其文化承载力，而字体文化承载力的上升能够有效提高乡村文创品牌或产品的内涵。伴随着乡村振兴的热潮，乡村文创品牌或产品的竞争也越发激烈，想要让受众选择自己，就要通过各种手段来提高品牌的价值。而字体设计作为品牌软实力的一种体现，在这个过程中扮演着关键的角色（图4-3）。在受众对于该品牌不是十分了解的情况下，优秀的字体设计能够提升品牌在消费者心中的印象。人们在选择某个品牌或产品时除了考察其性价比之外，也更倾向于选择那些看上去价值更高的品牌或产品。优秀的字体设计里蕴含的文化十分丰富，受众在对字体进行解读的过程中，会受到品牌或产品文化的影响，在脑海中形成一种"这个品牌和产品的字体设计得这么好，可见其对于细节的把控很到位，质量应该有保证"的思维逻辑，从而增加对品牌和产品的信赖。对于字体所蕴含的深层次的文化内涵，受众在短时间内可能无法完全理解，但会通过持续的分析与解读，逐渐领会。

图4-3　闫承恂设计的忆江南餐厅标志

4.5.2 字体设计促进乡村文创品牌发展

对于乡村文创品牌和产品来说，对其品牌形象进行字体设计的最根本动力是要实现盈利的增长。对于字体设计来说，通常是以三段式的方式来刺激消费者进行购买或消费。第一个阶段是完成品牌形象的记忆以及与同类文创产品进行区分。品牌的记忆是最浅层的内容，如何做到产品区分是该阶段的主要任务，目前常用的方式是抓住该类文创产品的一个主要功能并且运用文字设计进行展现。第二个阶段是刺激受众的视觉审美，以独特新颖的设计冲击受众的视觉和心灵，引起情感上的共鸣，从而拉近文创产品与受众之间的距离。第三个阶段是为字体赋予更高的艺术价值，将其与载体进行融合，使字体成为一种艺术品，提升品牌价值。

4.6 乡村文创字体设计的特点

4.6.1 明确字体设计的视觉定位

乡村文创字体设计要在品牌形象定位的基础上进行。品牌定位是针对特定的目标受众，从产品、价格、渠道、包装、服务、广告促销等方面寻找差异点，建立一个明确的、有别于竞争对手的形象，从而在市场上占据有利位置。品牌定位的过程包括市场细分和形象传播两个阶段，形象传播是在市场细分的基础上，构建品牌形象并进行有效传播。品牌形象定位是品牌形象传播的基础，也是确立品牌个性的重要前提。字体设计师应全面考虑品牌形象定位，考虑品牌受众的心理特征，以合理的形式设计品牌的字体，创造良好的视觉体验，增加产品的附加值。

4.6.2 强调字体设计的个性创造

乡村文创字体设计应追求个性化的设计表达，通过巧妙的创意，赋予文创产品强大的艺术生命力。文创字体设计是创造性思维的产物，从设计概念的确定到字体形式的创建，都需要借助联想和想象。现代信息技术的发展为字体设计提供了强大的技术支持，为字体设计的个性创造提供了广阔的空间。在乡村文创字体设计过程中，必须充分利用信息技术，改变传统思维方式，尝试新的个性化的视觉语言。例如深圳设计师张烁在带领团队为名为幸福村的村落做设计时，发动当地村民用手写的方式来写村落的名字，再将这些形态各异的手写字体输入计算机，运用计算机软件的计算功能，再结合设计师的调整修改，创造出颇具个性的字体。该字体后来不但出现在村落的名字当中，也被运用在村落文化活动的海报等宣传品中，塑造出独特的乡村品牌形象。当然，在追求个性化的同时也要注意，文创字体设计并不是单纯地追求新、奇、怪，字体的个性应与乡村地域文化及品牌个性相一致，也必须和其他文创视觉要素密切配合，形成一个有机的整体。

4.6.3 遵循字体设计的适度原则

乡村文创字体具有强大的信息传达功能，是其他文创视觉元素所无法替代的，丰富了文创品牌内涵的表达。通常，对于文化创意品牌的字体设计，设计师倾向于如何更改字体，对笔画、样式甚至文本的结构进行某些改造，以使其看起来有所不同。但应该清楚的是，无论如何变形或变化，文字都必须准确传达品牌信息。因此，设计字体时，设计师必须遵循适度的设计原则，文创字体必须具有设计感且易于阅读，以便公众在看到它们时可以快速识别，无需猜测文字信息。在改造字体笔画或结构时，要注意结合字体的文本内容。文本内容是设计的出发点，所有情感的表达和想象力的生发都以文本内容和含义为基础。文创字体设计必须深入理解文本的含义，做到设计形式与内容的统一。

4.7 乡村文创字体设计的类型

4.7.1 标准字体

标准字体是通过设计专用于特定企业、品牌或大型活动的字体，包括品牌名称标准字、产品名称标准字、广告性活动标准字。

品牌名称标准字是应用最广泛的标准字形式，设计时要考虑与标志的组合搭配效果。从字体上来说，品牌名称标准字通常包括中文与拉丁字母，两种文字在字形上存在较大差异，设计时可以采取协调统一的方式，也可以突出不同字体的对比。中西文字的统一有三种途径：一是在不改变结构的情况下，把一种文字的笔画作为装饰元素融入另一种文字；二是用相同的工具绘制字体，使两者具有相似的笔触和外观；三是在两种文字设计中加入某种强烈风格的图案。中西文字的对比常以衬线体与无衬线体并置的方式呈现，如中文宋体与西文赫勒维卡体的并置。品牌名称标准字在实际使用时，可根据场合的不同而采用品牌的全称或简称，字体设计应具备延展性，以适应不同材料的制作和不同媒介的应用。产品名称标准字可以沿用品牌名称标准字的字形，也可以单独设计。单独设计时，一要考虑和产品特点的关联，二要考虑和品牌名称标准字的组合搭配，在品牌名称与产品名称同时出现的情况下，应有大小、主次的变化。广告性活动标准字的设计应注意视觉氛围的营造，可与活动相关的图形配合使用，增加感染力。总的来说，标准字体设计是根据品牌的文化理念来做设计，力求充分展现品牌形象，比普通字体更有特色。

标准字体设计要把握好易读性、艺术性和传递性。第一，标准字体具有易读性。标准字要让人们可以准确地辨认，不能有信息传达不顺畅的弊端。字体的选择要具有识别性，选择大众可以准确辨别的字体，过于个性和小众化会起到适得其反的作用。中文字体的结构要保证其协调性和统一性，字体的笔画点、横、撇、捺、竖的变形要保证字体方形结构的原则再进行设计处理，不能改变字体本身的结构。标准字体设计应体现自身品牌理念，避免设计与其他品牌相似的字体，相似性会让人们难以分辨。第二，标准字体具有艺术性。标准字体应是创新性和美感的统一，笔画之间相互协调，结构表现合理，线条韵律优美，让人们看起来赏心悦目。在标准字体设计上加强创新，通过暗示、象形等表现方法进行创意变化，使字体别具一格，增强视觉效果。第三，标准字体具有传递性。标准字体是品牌的身份象征，是品牌理念的外化。标准字体要和品牌理念、产品特征具有关联性，唤起受众对品牌正向、积极的联想，设计时不能只孤立地考虑其形式美感。

➡ 4.7.2 字体标志

字体标志是指没有图形标志，而直接将字体作为标志的情况，多采用图形符号化的方式来设计字体，设计应与品牌气质和调性相符合，也不能太过于追求设计感而降低视觉传达的效果。字体标志的特点主要体现在图寓于字，字寓于图。将图形与文字相结合，不仅能丰富字体本身的表达效果，增强视觉冲击力，还能传达相关的品牌信息，提升品牌的文化底蕴，为受众提供更多的想象空间（图4-4）。

图4-4 墨西哥海鲜品牌字体标志

➡ 4.7.3 印刷字体

在品牌的行文中需要使用印刷字体，这些印刷字体会影响品牌形象，应事先加以规划和设定。在现成的字库中选择一套或多套与品牌形象匹配的字体，包括中文和西文，字体选择不宜过多，一般控制在七八套以内。设计师需要对印刷字体，特别是汉字印刷字体的特征有详尽的了解。

汉字印刷字体是一种视觉统一的认知符号形式，要求笔形规范、形体整齐。笔形规范要求印刷字体风格统一、大小统一，满足这两点能使阅读更容易。形体的概念由两部分组成：形状和结构，所以对汉字印刷字体的研究也应该从这两部分入手。笔画是构成形状的基础，对印刷字体形状的本质研究，就是对印刷字体笔画的研究。结构是印刷字体的骨架，对于印刷字体的设计需要将形态各异的字符放置在相同大小的空间中，也就是在固定空间中对结构进行分割。

现阶段的汉字印刷字体以宋体、黑体、仿宋体、楷体为代表。宋体字形方正，笔画竖粗横细，在转折处有钝角，是应用最为广泛的汉字印刷字体。它在雕版印刷和活字印刷方面的广泛应用，导致了一个复制、交流时代的开始。黑体是一种现代字体，受到西文无衬线字体的影响，字体风格庄重有力、朴实大方，常用于横幅、标语、重要标题和较短篇幅的文章内容。很多品牌的标准字都是基于黑体改进设计的。仿宋体是模仿宋代刻本字样设计的字体，字形介于楷体和宋体之间，起、落笔都有钝角，娟秀雅致，笔画细劲，一般用于正文、注释和其他说明性文字。楷体字形规整，结构严谨，笔画清晰，认读性高，多用于儿童读物和小学课本。

➡ 4.7.4 定制字体

定制字体是企业的专属名牌，是企业身份的象征。定制字体是根据企业文化定制属于自身品牌的字体。定制字体的适用范围也仅仅局限于自身品牌的使用。定制字体可以清晰展示该品牌的企业文化、品牌特征，是对品牌形象的象征。设计师在为品牌设计定制字体时，需要将品牌个性注入字体当中，使文字以统一的风格展现给受众。品牌定制字体与品牌标准字体的不同在于：定制字体更接近于印刷字体，适用范围广泛，适用于品牌的所有视觉媒体；品牌标准字体则具有更强烈的艺术风格，主要与品牌标志搭配使用。定制字体之所以发展快速其主要原因在于，设计师在设计过程中采用字库里的字体，很容易产生版权问题，对品牌形象发展不利。定制字体只能由品牌来使用，他人如果未经授权，是不能将定制字体用于商业用途的。随着时代的发展，字体的授权使用费用逐渐提高，定制字体可以大大降低品牌成本。

从设计要求来看，定制字体需要提供品牌的辨识度和阅读的流畅感，就是说既要在户外媒介运用中展现品牌个性，又要在较小字体的阅读场景中不影响用户体验，设计难度较大。

浙江省丽水市松阳县是国家级历史文化名镇，至今保留着较为完整的耕读文化，有"古典中国的县域标本""最后的江南秘境"之称。在松阳县政府支持下，汉仪字库历时两年开发完成了汉仪松阳体。设计师的设计灵感来自于松阳老城区街道上的门牌（图4-5），

图4-5 松阳县门牌字体

助人为乐
ZHU REN WEI LE

ABCDEFGHIJKLMN
OPQRSTUVWXYZ
×
1234567890

———————
汉仪松阳体

字体展示

江山如此多娇，
引无数英雄竞折腰。
惜秦皇汉武，略输文采；
唐宗宋祖，稍逊风骚。
一代天骄，成吉思汗，只识弯弓射大雕。
俱往矣，数风流人物，还看今朝。

图4-6　汉仪松阳体

通过对松阳历史文脉的整理，提炼出字体特征，进行再设计，开发出一套拥有9169个字符的字库，应用到松阳街区和文旅项目的导视系统上，用时尚的设计语言保留了松阳本土的质朴美感，实现了新与旧的传承（图4-6）。汉仪松阳体文化中心以汉仪松阳体为核心，进行文创产品的开发，将松阳传统民俗及非遗文化与当代生活方式相结合，探索现代生活和传统文化的结合点。目前已完成的文创产品有松阳松阴伞、松阳花鸟字冰箱贴等。松阳松阴伞的设计灵感源自松阳地名，雨伞正面向阳，将松枝与溪流结合；背面成阴，采用色彩渐变的形式，营造出清新别致的视觉效果（图4-7）。松阳花鸟字冰箱贴以汉仪松阳体为基础，以"五谷丰登"为主题，提取松阳当地的特色图形元素，保佑家中的冰箱年年"五谷丰登"。

图4-7　松阳松阴伞

4.8　乡村文创字体设计的技巧

4.8.1　文创品牌或产品的名称选择

在设计乡村文创品牌或产品时，要充分利用地域文化的优势，深入挖掘乡村地域文化的内涵，赋予乡村文创品牌或产品深层次的文化内容和意义，并通过特定的符号向人们展现出来。字体设计首先要确定品牌或产品的名称，对于乡村文创品牌或产品来说，应以中文名称为主。从字数上来说，使用单个汉字最为简练，符合青年人的视觉审美，品牌酷感较强。不过，有些品牌或产品的性质无法用一个字来表达，或者单字表达会出现歧义，在这种情况下也可以适当增加字数，以2~4字为宜。从信息传达的角度分析，乡村文创品牌或产品名称应考虑乡村地域文化、产品的品类等要素。

4.8.2　品牌或产品视觉形象的延伸

品牌或产品视觉形象的延伸也是字体设计的一项重要工作。字体在不同载体上的表现效果是有差异的，因此做文创字体设计要考虑品牌或产品视觉形象的延伸范围，根据品牌或产品的类型及视觉形象载体进行具有针对性的设计，也可以根据载体的不同对字体进行二次创作。比如说印在饮料杯上的字，就要在定版时做出一些改变，将中间部位适当调宽，同时调小字体下半部的比例，因为人们在握杯的时候大多是以俯视的角度来观察杯子上的字体，按照这种方式设计出来的字符合人的视觉习惯，让字体看上去更具美感。

4.8.3 字体设计的图形化

字体设计需要考虑包含字形和字意两方面的因素。字形是字体造型的基础，字意是文字所代表的意义。字体设计以字体形状为视觉符号，依据文字含义来进行设计，通过两者的结合来传达信息。乡村文创品牌的字体设计，应根据乡村地域文化提取出文化元素符号，将这些符号融入字体中，以文字图形化的方式，将字形和字意相结合，充分体现地域特色。文字图形化是以文字为主要元素进行创意设计，将文字笔画进行合理的变形，使文字的表意转化为图形的表达。文字图形包括饰字图形、意字图形和画字图形。

饰字图形是在保证可读性和识别性的前提下，以物形替代文字或文字中的某个笔画（图4-8）。汉字早期的饰字图形多在民间流传，最常见的是剪纸，由于要把吉祥物形与文字结合在特定的空间中，就以物形代替字的笔画或在笔画中加入物形，成为既有文字又有吉祥物形的视觉整体。拉丁文字中的饰字图形虽于中世纪就已出现，但并没有被大规模使用，直到20世纪50年代才再次兴起。饰字图形的设计必须明确而直接，在瞬间就能将信息传达出去。

意字图形是依据字的意义，将文字笔画做巧妙而简洁的变化，构合成意象化的文字。意字图形

图4-8　饰字图形图例

主要以汉字的应用最为广泛，这是由汉字的特殊性决定的。汉字象形、会意和形声的构字特点，使得汉字不但是一种符号，而且最为重要的是具有表情的意义。以会意构字的意字图形在设计应用时，以动词、形容词和副词为多，设计也比较简便，不需要添加复杂的物形。意字图形在展现字意的同时增加了趣味性，给观众以深刻的视觉印象，是当今汉字设计的主要形式之一。

画字图形是以文字为构形元素拼合成的图形，其早期是作为一种拼字游戏出现的，直到近现代才真正形成一种构形的方法。画字图形既有字的含义，又表现了各种各样的物形，字意本身和字形构成视觉形象，带有很强的趣味性。相对于汉字，拉丁文字设计成画字图形更为简便，很多西方设计师都热衷于这种方法。20世纪初期，未来派和达达派的实验对画字图形的形成有重大影响，他们尝试用各种方式来表现诗歌，通过字母的排列组合，使整首诗的文字外形酷似自然界的物形。现代印刷技术和设计软件的不断出新，进一步推动了画字图形的发展。美国设计师阿瑟·保罗认为，拉丁字母除了具有传达信息和美化版面的功能外，还是与点、线同等重要的一种构形元素。

4.9 乡村文创字体设计的发展趋势

4.9.1 简约化

当今时代，简约化逐渐成为人们喜欢的设计风格，很多品牌的字体设计秉承"少即是多"的设计理念，通过对字体元素符号的提炼，运用简单的线条加以设计，颜色多以黑白色调为主，与品牌或产品相关元素做适当结合，最大限度地减少干扰因素，通过对符号的高度提炼，达到简洁明了的视觉效果。

4.9.2 个性化

个性化的字体会使受众对品牌或产品留下深刻印象。字体设计的个性化表现在以下几个方面：第一，在字体的造型上，运用夸张、简化、文字图形化、中西文结合等手段，产生字体的变化，进而形成新的字体形态；第二，字体设计最基本的设计元素是点、线、面，采用不同的搭配方式使三者相互结合与恰当运用会产生不同视觉效果；第三，对于书法字体加以变形，能创造随意、洒脱的视觉形象，加强字体的个性化特征；第四，运用不同的材质和肌理增加字体的变化，使字体表现更加丰富多样。

4.9.3 多维度与多元化

进入21世纪以后，随着互联网时代的到来，信息的传播途径发生了很大变化，从传统媒体转移到以互联网为代表的数字新媒体上，人们可通过智能手机或计算机连接互联网，迅捷地获取信息。在这种情形下，字体设计具有了新的意义和内容，动态与多形态设计的比重在增加，品牌字体也从二维设计发展到三维、四维甚至多维，字体风格呈现多元化的趋势。如印度Organic农场的品牌设计，将首写字母O的负空间处理为麦穗形象，字母O既可以作为独立的标志出现，也可以与其他文字相结合，成为字体标志（图4-9）。这种多形态的设计具有很好的组合弹性，能够适应不同比例的媒体版面。

此外，人工智能技术的兴起催生了程序化创意，可以通过计算机程序来分析、总结、设定已有的设计，快速地进行设计输出。比如中国美术学院的科研团队研究了用一个字做千字的可能性，通过智能算法和传统美学中字形结构的结合，做字体嫁接与融合，这势必会对传统的字体设计方式形成冲击，字体设计的变革时代已经到来了。

乡村文创字体设计是乡村传统文化与当代视觉语言的结合，亦是品牌个性与产品类别的直观体现。对于乡村文创品牌和产品推广来说，建立一个完整的字体系统是十分必要的，借助于这个系统持续的视觉冲击，一方面可以增加受众对于该品牌和产品的认同感，刺激其购买欲望，另一方面又能进行持续的文化输出，使受众了解品牌和产品背后乡村文化的特色，是提升品牌和产品附加值的有效途径。因此，推动字体设计的创新发展，将字体设计应用于乡村文创设计之中，可以促进品牌和产品不断向健康的方向发展，全面提升核心竞争力。

图4-9　印度Organic农场品牌设计

第 5 章

乡村文创

IP 形象设计

5.1 IP 相关概念

5.1.1 IP概述

IP（Intellectual Property），汉语通译为"知识财物权"，也称其为"知识分属权"，指权利人对其智力劳动所创作的成果享有的财产权利，一般只在有限时间内有效。各类智力创造比如发明、外观设计、文艺和艺术撰述，以及在贸易中使用的标示、名称、图像，都可被认为是某一个人或组织所拥有的知识产权。

最早提出 IP 概念的是动漫行业，而今天 IP 已从动漫造型发展为营销概念。IP是虚幻的存在，又是客观的真实。IP是无形的，一个镜头、一个形象，甚至一个故事，都可以是承载IP的介质。设计师通过这些载体连接IP和受众之间的沟通（图5-1）。IP是永恒的，

图5-1　暗黑系《星战》扶手椅

像电影、动画里承载的IP形象会慢慢淡出人们的视野，但IP所代表的价值观念不会泯灭。

➡ 5.1.2　IP形象设计

　　IP形象是指具备持久生命力和商业价值的卡通形象，其造型可以是人物、动物、植物或者组合物，通过艺术化的手法展现在大众视野中，是为宣传品牌、吸引受众而创造的有生命力的具体形象。

　　IP形象设计是对IP进行艺术化的手法处理，将抽象的内涵通过具体的形象体现出来，具有识别性、象征性、系统性和针对性。识别性是设计作品的本质属性，要求IP形象有自己独特的造型特征，易于区分和识别。象征性是一种比较含蓄的艺术手法，不直接表达主题，而是通过IP形象来传达抽象的精神内涵，如吉祥图案里的松鹤象征延年益寿。系统性指的是IP形象设计应根据企业或品牌的具体要求来进行规划。针对性指的是面对不同的受众时，IP形象所要传达的信息也是不同的，比如有针对大型体育赛事的运动会IP形象设计，有针对商业品牌的品牌IP形象设计，有针对特定大型会议的会议IP形象设计。

➡ 5.1.3　品牌IP形象设计

　　品牌IP形象设计不仅是卡通形象的设计，更是品牌价值观的深刻体现，应根据品牌需求为IP形象设立个人档案，以品牌的产品类型、经营方向、品牌个性等信息为基础，进行有针对性的形象设计，确定品牌IP形象的名称、性格、造型等档案内容，使IP形象及性格与品牌价值观相符合。这些档案信息在设计衍生品时，有助于明确设计主题，更有利于IP形象的动作及表情图的制作。

➡ 5.1.4　乡村文创IP形象设计

　　乡村文创IP形象设计是建立在乡村原乡文化基础上，设计时提取代表该乡村的独特地域文化元素，包括自然环境、建筑、习俗等，对其进行概括取舍，以卡通造型的方式呈现出来，用来活跃品牌形象，建立亲切感，拉近品牌与消费者之间的距离。乡村文创IP形象的表情和姿势应符合品牌性格和乡村地域文化，具体设计内容包括彩色稿及造型说明、立体效果图、基本动态造型、展开使用规范。IP形象设计可以引领乡村潮流风尚，扩大宣传当地的文化资源，确立乡村文创品牌特色，拓宽与相关产业如旅游业的融合，走品牌化IP之路，提高村庄文明软实力，进而为乡村带来经济发展，推动乡村振兴。

5.2　IP形象设计的经典案例

➡ 5.2.1　迪士尼IP形象设计

　　华特迪士尼公司（简称迪士尼公司）塑造了众多的IP形象，有家喻户晓的米老鼠、唐老鸭、爱丽丝、辛巴、花木兰、小熊维尼和加菲猫等（图5-2）。这些IP形象多是以动物为原型进行构思设计，再加以故事性的塑造。迪士尼公司善于对症下药，从文化底层出发，洞察受众的心理需求，创作出符合大众审美情趣并且给人以心灵慰藉的作品。如创作于第二次世界大战白热化时期的《白雪公主和七个小矮人》里的卡通形象（图5-3），白雪公主和小矮人是正义的代表，皇后是邪恶的化身。白雪公主是美的存在，不论是内在还是外貌都是美的，她善良、美丽、懂事，充满希望。皇后在美丽的外表下有一颗丑陋的心，与白雪公主形成鲜明的对比。正义最终战胜了邪恶，对战争中心灵受创的人民而言，无疑是一种极大的鼓励。迪士尼公司的IP形象设计唤醒了人内心深处对爱与美好的向往，以此找到一片心灵的栖息地。

图5-2　米老鼠

图5-3　白雪公主和小矮人

5.2.2　熊本熊IP形象设计

熊本熊是日本熊本县的官方IP形象，其长相颇具喜感，气质呆萌可爱，深受大众喜爱（图5-4）。2011年，贯通整个九州的新干线将全线开通，这意味着临县乃至大阪等关西地区的旅客可以更便捷地来到九州观光旅行。熊本县政府看准这个千载难逢的机遇，有意展开了一系列特殊的地方推广活动，吸引旅客在熊本站下车。在熊本县知事蒲岛郁夫的支持下，设计师水野学带领自己的Good Design Company工作室设计了熊本熊的形象。为了突出熊本县特色，熊本熊在身体上使用了熊本城的主色调黑色，并在两颊使用了萌系形象经常采用的腮红，而红色也蕴含了熊本县"火之国"的称号，它不仅代表了熊本县的火山地理，更代表了众多美味的红色食物。熊本熊的动作行为同样也是经过设计的，其中捂嘴的动作是为了增加可爱程度，抬脚的动作则来自迪士尼公司的米老

图5-4　日本熊本县IP形象熊本熊

鼠。2013年11月，在县政府的"安排"下，熊本熊遗失了自己两颊的腮红。蒲岛知事紧急召开新闻发布会，表示县政府已成立调查组专门调查此事，并号召大家帮熊本熊找回腮红。熊本熊也跑到东京警视厅报了案。县政府还在各地张贴"寻腮红启事"，甚至通过电视台发出这一启事，希望大家提供线索。其实县政府是希望通过这一事件，让外界了解红色对于熊本县的重要性。事后有日本媒体表示，这次事件达成了6亿日元的广告营销成果。熊本熊的策划团队还利用社交媒体发布熊本熊的行程，借助新闻事件进行营销。比如冰桶挑战期间，熊本熊就被人点名参加，而他参加冰桶挑战时的反应也是非常搞笑。这些营销策略都极大地增加了熊本熊的知名度和影响力。

5.2.3　北京夏季和冬季奥运会吉祥物设计

"夏有福娃，冬有冰墩墩"，这句话说的是2008年北京夏季奥运会的吉祥物福娃和2022年北京冬季奥运会的吉祥物冰墩墩。福娃是把奥运圣火、雏燕、藏羚羊、大熊猫和锦鲤等形象加以拟人化的处理，形成代表火、苍天、陆地、丛林和大海之间关系的奥运会吉祥物。冰墩墩则是在大熊猫的原型上加以设计，整体形象憨厚可爱，代表着运动员们强壮有力的身体和坚韧不拔的意志力，同时将萌萌的大熊猫形象与富有超能量的冰晶外壳相联系，反映现代运动和竞技的特征，流动的线条象征体育赛道和5G妙技，左手的心形图案代表对世界各国来宾的热情款待。2022年冬季残奥会的吉祥物雪容融，以灯笼为原型，表现世界万国之间的包容、温暖和融合，象征建立更加包容的人类命运共同体的美好愿望。

5.2.4 故宫文创IP形象设计

故宫，又被称为紫禁城，在古代是帝王及其妃嫔生活的地方，给人以庄严、肃穆、尊贵的感觉。近几年，北京故宫博物院逐渐开放了馆藏藏品与公共区域，以一种低姿态、平和、年轻化的态度融入大众生活。北京故宫博物院下属的北京故宫宫廷文化发展有限公司以故宫的历史文化为基底，不断推出新潮的文创产品，其中很多成为爆款。故宫中一砖一瓦、一花一树都成为故宫宫廷文化文创团队的灵感来源。故宫俨然成为一座文化宝库，文创团队深度发掘其中的宝贵资源，将其应用成为二次创新和开发的载体。北京故宫宫廷文化发展有限公司致力于IP打造，相继推出了"宫里的世界""十殿下""喵堂之上""遇见九公主""妙物宫廷"等知名IP，由各IP衍生的一系列高颜值、高品质的文创产品在众多艺术衍生品中脱颖而出，体现了故宫宫廷独有的文化特色，创新了视觉符号，让大众领略到与众不同的宫廷文化，为国潮市场带来新的生命力。被称为"大内咪探"的故宫猫是故宫最著名的超级IP。故宫以猫为创意来源已衍生出一系列文创产品，包括抱枕、水杯、手机壳、书包、手表和鞋子等。其文创IP的打造逻辑是，通过对故宫猫形象进行提炼，让其具有故宫的故事性、传承性，并辅之以相应的创新性，使其具有IP化的生命力（图5-5）。故宫作为一个超级大IP，正以百姓喜闻乐见的方式发展壮大，并通过新媒体平台，以创新思维将产品营销巧妙地融入现代人的生活之中。同时，也在用深厚的文化内涵影响着年轻人，影响着世界，向世界诉说中国故事。

第 5 章 乡村文创 IP 形象设计

图5-5 "宫猫五宝"文创礼盒

5.3 乡村文创 IP 形象设计的设计原则

5.3.1 地域性

乡村文创IP是建立在地域文化基础上的产物。地域文化是以地域为基础，以历史为主线，以景物为载体，以现实为表象，在社会进程中发挥作用的人文精神活动的总称。不同的地域具有不同的自然环境和文化习俗，会营造不同的文化氛围。地域性设计的基本方法是提取传统地域文化符号应用在IP形象设计中，以满足本地域文化共同体的审美心理认同，同时造成相异地区人们文化审美心理的差异感。设计师应有敏锐的洞察力和判断力，紧紧抓住具有代表性的地域元素，深入挖掘其文化内涵，大胆概括取舍，做出有针对性的改造，营造独特的视觉效果，增强IP形象的文化底蕴。

5.3.2 人格化

很多IP形象都被赋予人格化的特性，以此来凸显品牌概念。所谓人格化就是对卡通形象赋予人的某些属性，包括性格、思想、观念等，使得角色不再单调而是具备丰富的情感和内心世界，是IP形象设计中常用的艺术手法之一。除了赋予品牌IP以人的属性外，还应设计一系列的故事来维持其人物设定，不断营造话题和热度。人格化的IP形象有助于吸引受众的注意，使品牌概念更加形象、具体、富有沟通力。

➡ 5.3.3 情感化

真情实感最动人，情感化设计是要触动消费者的情感，创造情感体验，引导消费者从对品牌略有好感到强烈的偏爱。IP形象设计应运用灵感、直觉与想象力去洞悉人的欲望与情感，要求创作人员对受众的内心世界，包括他们的经历和情感有较深的理解。遵循情感化原则的IP形象设计重在设计情景或渲染感情，以激发回应者对记忆的积极联想，力求通过富于感染力的IP形象增加情感体验的强度。设计乡村文创IP形象时，设计师需要预估受众的角色认同度，包括角色性格、生活背景等的设定，制作角色的信息卡，更有利于角色的创建。可以结合乡村地域文化尤其是非遗元素，营造场景和氛围，调动受众的情绪，使得受众与IP角色之间达到情感的共鸣。

➡ 5.3.4 艺术化

艺术化是IP形象设计的基本原则，在设计上既要突出传达信息的适用功能，又要遵循美学原则，体现IP形象的审美功能，这是IP形象设计中的基本要求。IP形象的艺术性通过造型、色彩以及对称、韵律和线条形式美的综合来体现。一个成功的IP形象，造型独特新颖，整体简洁明快，同时把文化寓意和优美的形式完美结合，给人以美的视觉感受，有助于塑造精彩的乡村文创品牌调性。乡村文创IP形象的艺术化设计要求对乡村非遗元素等原始素材进行提炼和概括，使之符合形式美的规律，特别是要跟上时代潮流，与当下的审美趋势相一致，创造具有原乡艺术美感又兼具时尚感的卡通艺术形象。

➡ 5.3.5 延展性

IP形象需要在不同的环境和载体展示、宣传，并且要保证清晰度和连续性，因此在构思阶段就应考虑延展性的问题，也就是具体应用的环境、材质、印刷工艺等问题。为了应对这些问题，要设计多个IP形象变体方案，以提高适用性和沟通性。如天猫商场的IP形象天猫，就不仅仅是一个单一的形象，还有多种表情和动态的设计，以及由天猫的头部外形延展出的多形态设计。

IP形象设计的延展性还体现在时间的延续上。随着时代的改变，人们的审美需求也在不断变化，IP要保证品牌形象的延续和持久，就要与时俱进。设计IP形象时，需要考虑其前瞻性、灵活性，以便能够适应未来的发展。在更新现有IP形象时，应注意传承原有IP的丰富内涵和保留主体造型的基础识别性。

➡ 5.3.6 故事性

故事性是乡村文创IP形象设计中不可缺少的元素。故事性并不是单纯地编造故事，而是需要对乡村传统文化进行提炼，以文化为基石塑造IP形象故事。设计师在进行乡村文创IP设计时，要深入挖掘当地民间故事传说中蕴藏的文化内涵，聚焦能够激发集体记忆的主题，并结合品牌的核心利益、受众的价值观、品牌愿景等综合考虑，提炼出乡村文创品牌的IP故事。

5.3.7 符号化

IP形象作为一种视觉形象，具有一定描绘性绘画的性质，其形象不仅代表一种视觉记号，更多时候起到的是再现与象征的作用。在IP形象设计的过程中，设计师要学会运用意象作为符号的功能，使形象更具有识别性。IP形象应形式简洁，内涵丰富，最大程度地发挥品牌符号的功能。

5.4 IP形象赋能乡村文创的成功案例

5.4.1 大力水手村

创作于1929年的大力水手"卜派"，历经近百年仍然广受欢迎（图5-6）。1980年，好莱坞利用该IP形象的影响力，拍摄同名真人版电影。经过精心的挑选，摄制组决定将外景地选在岛国马耳他西北端的斯威特哈文渔村。为了还原漫画的画面，摄制组在这里搭建了一个童话般的村落。村落由165名工人花费7个月建成，总共使用了8t的钉子、9000L涂料和大批木材，充满了缤纷的童话色彩。村内设有理发店、面包房、锯木场、鱼店、邮局、码头、跳舞场、鞋匠铺甚至墓地。

图5-6 大力水手

乡村文创设计

　　电影拍完后，这些本应拆除的建筑物在当地人强烈要求下被完整保留下来，并进行了改造。人们对漫画场景、人物做了进一步的"放大"，将木制结构的屋子，刷上五彩斑斓的颜色，每个房屋都被精巧的卡通饰物所装点，漫步其中可以看到动画片中角色的公仔造型、雕像，仿佛置身于《大力水手》动画中。村内的主题公园，将人造景观和当地的自然风景融为一体，远远望去是一座建在海边悬崖的小村庄（图5-7）。你会不禁觉得卜派、奥利弗好像真的生活在这里。

图5-7　大力水手村

对于慕名而来的游客来说，这是一次很有趣的体验。村庄里的奥利弗会让游客穿上各式各样的村民服装，跟着卜派叔叔和布鲁托一起拍一组短片，重温大力水手的经典情节。拍完后，卜派和奥利弗会领着大家在村里的电影院一起观影，满意的话可以花7欧元买下短片的DVD，封面会有拍摄中的剧照以及每位出演者的名字。整个过程都有着一种亲身走进儿时观看的动画片里的奇妙感觉。孩子们可以与电影里的大力水手卜派和奥利弗、布鲁托等由真人扮演的角色一起玩耍，甚至比比腕力。还可选择去游戏屋玩大力水手的主题游戏、看木偶戏、参观博物馆，或索性去电影院再次观看百看不厌的《大力水手》。家长们可以免费品尝葡萄酒，出海打鱼或钓鱼，玩一下仅仅当地才有的水上蹦床。在12月，不同年龄的旅游者还可以和大力水手等卡通人物携手同乐，或簇拥着圣诞老人参加热闹欢乐的圣诞游行。拿着大力水手村的入场券，还可以在"水手酒吧"里免费兑换一份"水手套餐"。套餐包括一份菠菜汤、一个小面包和一杯仙人掌果实酿成的酒。盛装菠菜汤的器皿，正是动画片中最经典的菠菜罐头，一抬头就灌下一罐"菠菜"，然后撸起袖子摆个造型。此外，每年都会有许多情侣选择在大力水手村举行婚礼。

斯威特哈文渔村因为机缘巧合成为《大力水手》动画片的拍摄地，并进行了一系列的设施建设。村民利用这一点，找准IP定位，将当地的优势资源与市场需求、外部环境相结合，将IP特色以及当地文化融入游戏当中，为游客创造沉浸式体验，将村庄建设成为一个标志性的文旅小镇。大力水手村现在已成为马耳他著名的人文景观之一，并帮助马耳他每年吸引上百万名的外来旅游者。

➡ 5.4.2 柯南小镇

柯南是日本漫画《名侦探柯南》及其衍生作品中的主人公，作者是漫画家青山刚昌。青山刚昌1963年出生于日本鸟取县的北荣町，北荣町虽然只有5000多户人家，但借助于《名侦探柯南》的巨大影响力，将柯南形象融入小镇建设中，现已成为全世界"柯南迷"的朝圣之地，人称"柯南小镇"。

1997年，大荣町政府（北荣町前身之一）采纳了大荣町商工会提交的柯南小镇建设提案，以此为起点拉开柯南小镇建设序幕。次年，柯南小镇的构思得到首次尝试——在当地举办的马拉松大赛上，主办方将印有柯南图案的官方T恤作为纪念奖品颁发给参赛人员，反响良好。随后，柯南小镇建设在町内各方力量参与下逐步展开。

2005年，大荣町和北条町合并为北荣町，新政府的成立标志着柯南小镇进入全面发展新阶段。城区内，从由良火车站到9号国道的县道被命名为"柯南街"，"新桥"被改名为"柯南大桥"，大荣历史学习馆作为"青山刚昌故乡馆"，进行了全面更新。小镇上有一家名为"柯南侦探社"的纪念品商店，可供游客购买柯南周边的各种商品，商店里的糖果、手机链、帽子、T恤全都以柯南为主题。JR铁道公司运行在鸟取车站至米子车站之间的列车取名为"名侦探列车"。火车站内的楼梯、售票处、候车室、储存柜，到处可以看到柯南的画像，车站外的自动贩卖机和站牌也配有柯南的形象。位于鸟取市西北约7km的鸟取机场，在2014年正式改名为"柯南机场"，机场内布满柯南动漫的相关装饰。游客一到达北荣町，就如同走进了柯南的世界（图5-8、图5-9）。

大力水手村和柯南小镇都是以IP形象闻名世界的文创主题村落。文创主题村落模式是所有乡村文创模式当中产业整合最完整、对乡村发展赋能最全面的模式，通常是以核心IP形象为基础，运用在乡村的餐饮、住宿、交通、消费、休闲娱乐等多方面，为游客提供沉浸式的旅游体验。

图5-8　日本柯南小镇

图5-9　日本柯南小镇旅游地图

第 6 章

乡村文创

插画设计

乡村文创设计需要借助多种媒介，对非遗等传统文化元素进行提炼、重组、设计、传播。插画作为一种艺术表现媒介，生动直观，趣味性强，能够帮助乡村文创设计展现出自身特性，增强文创品牌的情感性、信息性、民族性等特点，可应用于文创产品设计、包装设计、环境图形、品牌服装设计等方面，是文创设计的重要表现手段之一。

6.1 插画的历史沿革与艺术表现手法

插画的历史久远，在人类社会的发展中一直发挥着重要作用。最早的插画是原始社会时期的洞窟壁画，在没有文字的时代，插画承担着记录生活、传递信息、表达情感的作用。书籍产生之后，插画被用于宗教读物，之后扩展到新闻报刊和医学、历史、地理、文学书籍上。20世纪以后，随着印刷技术的进步，插画迎来了黄金时代，在各种印刷品上都能发现插画的身影。21世纪的插画不再局限于纸质媒体，而被广泛应用于数码媒体、服装设计、产品设计等领域。

➡ 6.1.1 插画的表现手法

插画的表现手法多种多样，主要分为传统手绘、CG（计算机动画）插画、综合表现三大类。

传统手绘技法有水彩、丙烯、水墨等。水彩以水为媒介，通过水与色的配合，创造出明快、清新、空灵的画面。水的运用具有不确定性，水色交融后在画纸上会产生意想不到的效果。上色时，色彩要由浅至深，空白的位置要预先留出来，可以用一层水打湿再上色，或者先上一层色，趁颜色未干的时候上第二层色，颜色的边缘会晕染开或者两种色自然融合。也可以等第一层色干透后再上第二层色，两种颜色间会有清晰的边线。水彩还有一些特殊的技法，如使用遮蒙液、吸水纸，以及拓印、溅洒等方法。丙烯有很强的附着力，可以在纸、油画布、木板等多种介质上作画，干燥后颜色不褪色、不变质脱落。作画时可以用厚涂堆砌的方法，也可加入大量的水分，营造类似水彩的透明效果。丙烯的干燥速度快，是插画师常用的表现材料之一。水墨画是中国画的一种，具有单纯自然的特点，可以以笔法为主导，充分发挥墨法的功能。水墨画有"墨即是色"和"墨分五彩"的说法。"墨即是色"是指墨的浓淡变化是色的层次变化，"墨分五彩"是指丰富的色彩感可以用多层次的水墨色度来表现。水墨画主要运用线条和墨色的变化进行表现，多采用勾、皴、点、染、浓、淡、干、湿、阴、阳、向、背、虚、实、疏、密和留白等表现手法。

CG插画是以计算机为主要工具进行创作和生产的插画。国际上将利用计算机进行视觉设计的领域称为CG。CG既包括技术也包括艺术，囊括平面插画设计、网页设计、三维动画、影视特效多媒体技术、计算机辅助设计为主的建筑设计及工业设计等领域，已经成为一项可观的经济与文化产业。

综合表现插画是指将各种方法结合使用的插画。可以将传统手绘或CG插画进行拼贴重组，通过断裂、融合等手法烘托主题，将不同的图形、肌理、色彩组合交叠，形成具有震撼力的画面效果。也可以做成立体插画的形式，即先制作出立体实物，再进行拍摄、排版设计（图6-1）。

6.1.2 插画的风格

从表现风格来看，插画可分为写实风格、奇幻风格、唯美风格、时尚风格、装饰风格、卡通风格、波普风格等。写实风格的插画强调明暗造型，以及光影与色彩的表现，可以手绘，也可以利用数字三维技术建模和渲染，达到真实再现的艺术效果。奇幻风格的插画以神话传说、科幻世界为创作题材，以超现实主义的手法表现区别于现实世界的虚幻情景，跨越时空的阻隔，将历史、现在、未来放置在一个平面上，表现上更为主观。唯美风格的插画注重意境和氛围的渲染，色彩清新雅致，格调温馨浪漫，受到都市人群尤其是都市女性的青睐。时尚风格的插画倡导高品质的生活方式，多用于香水、时装、化妆品等商业广告及时尚杂志中，以都市生活为主要表现内容。装饰风格的插画历史悠久，曾经风靡欧洲的工艺美术运动和新艺术运动，孕育出一批具有强烈装饰风格的插画作品。画面以优美的曲线造型为主，色彩绚丽。现代装饰风格插画可以说是工艺美术运动和新艺术运动的复兴。卡通风格的插画以卡通形象为造型主体，多运用夸张、变形等艺术处理手法，突出角色的性格特征，整体氛围以活泼、轻松、可爱、幽默为主（图6-2）。波普风格的插画多借用流行文化符号，运用拼贴手法，把不同的图像重叠组合。

6.1.3 品牌插画

品牌插画是现代插画的分支，是商业活动的重要组成部分。品牌插画需要将品牌信息准确地传达给消费者，达到塑造品牌、促进销售的目的，因此更加注意信息传达与互动，

图6-1 英国纸艺大师海伦·马瑟尔怀特的纸雕插画

图6-2 Camilla Engman 插画作品

多利用插画通俗易懂、直观生动的特性，突出表现品牌的独特个性。品牌插画也可以发展成系列插画的形式，借助色彩、图形、画面内容来呈现完整的品牌故事以及更深层次的内涵寓意，触动消费者的内心感受，产生对品牌的认同感。

6.2 插画的艺术特点

➡ 6.2.1 审美情趣

插画艺术具有独特的审美价值和感染力，不但可以对文字起到解释说明的作用，而且对书籍期刊、产品包装、环境导视等具有美化的功能，能展示品牌的艺术魅力，提高视觉吸引力。

➡ 6.2.2 综合特性

插画无论是内容还是形式都有高度的综合性。插画的综合性也体现在插画师自身需要具备专业和社会人文的综合素养，两者缺一，插画作品都无法太突出、太深刻。同时，综合性也体现在传播媒介上，传播媒体具有多样性，而且是不断扩展的和结合的。

➡ 6.2.3 幽默表现

插画的幽默表现，打破了严肃、呆板、沉闷的气氛，从而使大众产生轻松、愉快的心情。插画设计广泛运用幽默的手法，一是为了使让插画内容更容易让人看懂和接受。二是某些情况下，以调侃幽默的方式对社会现象进行批判，这时在画面的表现上往往比较夸张，耐人寻味。

➡ 6.2.4 情感色彩

罗丹认为"艺术就是情感"。插画是设计师的情感表达，插画的应用也给社会带来人文关怀，给受众带来情感体验，与他们产生情感上的共鸣。真正的艺术是心灵的产物，优秀的插画设计师是从内心出发进行创作，与大众产生心与心的交流。艺术作品的根源就是情感，这就是插画打动人的原因。

6.3 插画的价值

➡ 6.3.1 艺术价值

插画本身就是独立的艺术作品，具有艺术价值。当插画运用到商业设计中，其艺术价值会得到更显著的体现，特别是插画拥有的艺术价值会与品牌的商业价值交融，给予品牌一定的艺术内涵，赋予其艺术价值（图6-3）。

图6-3　亚美尼亚aperta葡萄酒包装设计

6.3.2　文化价值

　　插画作为绘画艺术形式的一种，在不同文化环境背景下形成了不同的表现方式。如中国的插画师会采用中国画来创作插画，将中国画独有的内涵、神韵、意境以及清雅特质融入插画中，表现出对中国传统哲学思想及上千年历史文化的独特理解。而西方国家更加倾向于水彩画、油画等艺术形式，将丰富的色彩表现运用到插画创作里，追求真实感，也融入了更多设计师的个人想象力（图6-4）。除了东西方插画文化的巨大的差异之外，日本、印度、泰国等国家因文化不同，其插画所展现的艺术形式也会存在差异；乃至中国的南北方，不同的民族之间对于插画的理解也有形式上的不同。

图6-4　约翰·斯隆（John Sloane）创作的美国乡村插画

第 6 章 乡村文创插画设计

6.3.3 经济价值

每一件商品在销售过程中，除了商品的适用性、功能性、实用性之外，商品外观带来的视觉吸引力也十分重要。与此同时，商品本身所体现的情感是否可以打动消费者，也起着至关重要的作用。在工业化大批量生产的条件下，商品过分强调功能而忽视文化及人文精神的现象普遍存在，这让商品展现出冷漠、缺少人情味的整体特征。随后，消费者对商品给予人情味设计的呼声越来越高。在这样的背景下，插画赋予了商品情感，满足了消费者的心理需求，从而提升了商品的经济价值。在日常生活中，一些加入了插画元素的商品，被消费者认为有创新、较舒服的同时，也普遍价格较高、销量较好。这都是插画经济价值的体现。

6.4 插画在乡村文创设计中的应用

6.4.1 乡村文创插画的应用场景与信息价值

插画可以被应用在乡村文创出版物、文创衍生品、产品包装、旅游导视等媒介中，或根据主题内容进行绘画，或对文字做形象的说明（图6-5、图6-6）。插画有助于避免纯文

图6-5　亚美尼亚"Bnavan"农产品品牌设计

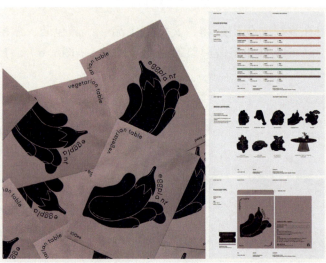

图6-6 韩国素食桌农场品牌设计

第 6 章　乡村文创插画设计

字带来的枯燥乏味，减少视觉上的疲劳，增加受众的阅读乐趣，让他们在轻松愉快的氛围中了解和解读乡村文化。在传达信息方面，插画往往比文字表达更加直接，传递信息更加精确明了。优秀的插画能够帮助受众跨越现有的文字和图画，建立一个美好的心灵世界，满足他们内心情感中更为深层次的需求，实现品牌与受众在思想与情感上的交流。插画设计师要充分了解品牌背后的乡村文化，精确把握受众的心理，通过插画设计，创造出乎意料的视觉感受，营造出无限遐想的空间，使品牌价值得到升华。

　　马奇·肖尼（Marche Shoni）是蒙特利尔一个名为肖内西（Shaughnessy）的村庄举办的社区文化节，2022年第二届的活动于9月8～11日举行。组织者再次邀请巴亚（Baillat）工作室设计文化节的视觉形象，通过一个模块化的插画系统，体现了不同的人聚集在一起的概念（图6-7）。变化多端的彩色圆点，延续了上一年度的设计思路，既能组合成图案，也能组合成字体，极富装饰色彩。

图6-7

图6-7 加拿大村庄文化节品牌视觉设计

6.4.2 插画在乡村旅游导视设计中的应用

乡村旅游热的升温，使乡村旅游导视设计受到越来越多的关注。当游客来到景区游玩时，人性化的设计和简单明确的指示牌是乡村旅游导视最基本的要求。多数游客习惯于先寻找导视系统，以得到正确的指示信息。插画的适当运用能够让游客很容易认出导视牌或指示路标上的信息，也会营造艺术氛围，突出景区特色。有些乡村景区会提供插画地图，将景点名称、名胜古迹、民俗文化、道路、交通设施等做深入细致的描绘。插画具有直观、具象等特点，能跨越不同文字和文化的障碍，让来自不同国家和地区的游客尽快熟悉景区环境，缩短在游览中寻找目的地的时间，尽情享受旅游带来的欢乐。这些插画地图也具备一定的纪念和收藏价值（图6-8、图6-9）。

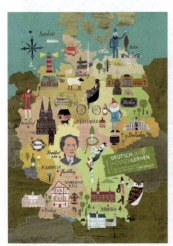
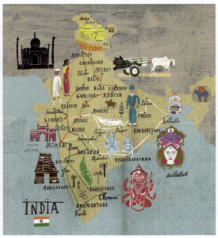

图6-8 马丁·哈克（Martin Haake）创作的插画地图

第 6 章 乡村文创插画设计

图6-9 爱尔兰国家插画地图

6.4.3　插画在乡村壁画和稻田画中的应用

插画也可以延展为壁画的形式，绘制在乡村建筑上，或者以稻田画的形式，形成独特的乡村景观艺术。

（1）乡村壁画

世界闻名的德国小镇奥伯阿梅尔高，是享誉全球的旅游度假胜地，除了天赐的自然美景外，主要因为每户人家的外墙上都绘有制作精美、色彩艳丽的壁画。徜徉小镇中，就仿佛走进了一座露天壁画博物馆。这些壁画小的一两平方米，大的几乎占据满满一面外墙，且每幢房屋外墙上的壁画均不相同，可以说一房一景、一房一个主题，内容主要是《圣经》《格林童话》的故事，以及一些当地民间的历史传说（图6-10）。

图6-10　奥伯阿梅尔高小镇壁画

形成奥伯阿梅尔高小镇壁画的历史原因有三个。一是小镇是室外壁画创始人茨温克的故乡，他在这里开始创作室外壁画，内容以《格林童话》和历史传说为主，随着技艺的日臻成熟，逐渐形成一种绘画风格。后来，小镇被誉为室外壁画的发祥地，在房屋外墙上绘制壁画也成了小镇居民的传统。二是中世纪战争期间，黑死病瘟疫一度席卷整个欧洲，小镇居民也未能幸免，很多感染这种瘟疫的人因交通不便，难以就医而死亡。万般无奈之下，1633年，信奉天主教的小镇居民们为免遭瘟疫侵害，虔诚地祈求上帝保佑全镇人，并许诺排演一出"耶稣受难剧"，每隔10年演一场以示感谢。此诺言许下后，小镇再没发生瘟疫死人。于是在第二年，小镇居民按照承诺，排演出一部由一千多名镇内居民主演的"耶稣受难剧"。此剧从1634年首演开始，每隔10年上演一次，延续至今，从未间断。代代相传中，《圣经》里的故事便成了钟爱室外壁画的小镇居民们青睐的题材。三是早在公元16世纪中叶，小镇的工匠们开始根据《圣经》故事手工制作圣像木雕，由于手艺精湛、做工精致，制成的圣像栩栩如生，逐渐畅销德国各地。到18世纪，各种木雕作品还远销到荷兰、西班牙、俄罗斯等很多国家。鉴于此，1878年，镇政府在小镇成立了国立木雕专业学校，以培养更多的雕刻艺术人才。因为木雕集绘画与雕刻于一身，所以也为小镇造就了一批室外壁画创作人才。此后，小镇代代都有高手涌现，艺术香火不断。奥伯阿梅尔高小镇也因此赢得了"壁画小镇"的美誉。这座不足5000人的小镇，每年能吸引世界各地数十万游客来一睹它的风采。

（2）乡村稻田画

稻田画又称稻田彩绘，是将以绿色及紫色叶为主的水稻种植于水田中以形成图案。栽种时，先在农田里用传统画线器，画出九宫格，依图样定出坐标，再牵线描出图样或字体轮廓，最后种上绿色和紫色秧苗。随着水稻生长，就会呈现出预先规划的图形或文字。稻田画需要精细的日常护理，分为养分管理、病虫防治、图形修正和延展调控。在图形完成栽植后半个月，利用观景台或无人机航拍摄图形的初步成型效果，若误差较大，则需要及时修正，一旦出现倒秧、脱苗现象，就必须及时补苗。

最早的稻田画出现于日本青森县的田舍馆村，该村有着悠久的水稻种植历史。出于振兴当地经济、开发观光资源的目的，从1993年开始，村子每年在7月都要举办"稻田艺术节"，并且每年题材都不同，既有日本著名的古代武将雄姿，也有欧洲的蒙娜丽莎、拿破仑形象，甚至还有哆啦A梦这样的动漫图形，吸引游客来到村庄，一览巨幅稻田画作（图6-11）。因为经济效益可观，日本其他乡村地区也纷纷效仿，稻田艺术如雨后春笋般涌现。据统计，目前日本已有118个乡村有稻田艺术。

受日本稻田画的影响，我国在2015年以后，已有多个乡村从事稻田画种植和展示。如辽宁省沈阳市兴隆台锡伯族镇的"稻梦空间"稻米文化主题公园，将创意农业、稻米文

图6-11　日本乡村稻田画

化、锡伯文化与旅游服务相结合，建设集稻田画观光、果蔬采摘、田园垂钓、漂流、休闲度假、旅游观光、科普教育七位于一体的稻米主题创意农业产业园（图6-12）。其稻田画结合锡伯文化特色，让水稻以艺术的姿态呈现在游客面前。为了提升稻田画的观赏效果，园区内设有27m高的高空看台，游客可以从高处俯看稻田画，感受其磅礴的气势。在高空看台的外面，设置了百米长的高空滑索，让游客身临稻田画的海洋，体验探险的快乐。

图6-12 沈阳"稻梦空间"稻米文化主题公园

6.5 乡村文创插画的设计原则

第一，插画要体现文创所在乡村地域的特点。要与当地文化风俗相结合，挖掘村落的历史、民俗、建筑、艺术等资源，创作出具有地域特色的文创插画。我国乡村遗存的很多图案都具有一定的文化内涵和意义。故宫博物院文创就是从传统图案中吸取灵感，精准地抓住文创的精髓，设计出极具创意的文创产品，打造自己的品牌风格，获得了很好的评价。所以，做设计前要对当地文化风俗进行调研分析，对相关元素进行精准的提炼、整合和创作，才能设计出具有原乡风格的插画作品。

第二，插画要把乡村文化创造性地进行转化，把乡村故事、传统图形、民间习俗和文字等巧妙结合，力求在插画内容上有创意，在艺术形式上有创新。

第三，插画的优势在于能够引起受众的兴趣，让他们对品牌产生情感上的共鸣，所以要在设计过程中注意情感的表达，结合题材内容，利用视觉图形与色彩，增添与乡村文化相关的情感要素，深化乡村文创的思想内涵，激发人们的想象力，让受众能够从情感上接纳乡村文创品牌。

第四，插画要传达乡村文创品牌的信息价值。插画表面上是图形、色彩与文字的结合，其实质内容是品牌信息，如出现在产品包装、乡村旅游地图或环境导视上的插画都是在对品牌相关信息进行设计。对于乡村文创品牌来说，插画已成为具有特色的信息传播方式，能够展示出丰富的地域文化与品牌信息。

第 7 章

乡村文创

设计案例分析

7.1 武强年画文创插画设计

在体验经济时代，消费者希望接触的产品可以产生情感的交流，以此缓解淡漠的社会关系，获得情感上的满足。在大力支持倡导文化产业的背景下，中国传统文化迎来了新的发展契机。传统文化与现代设计相结合，是历史的发展趋势，也是未来设计行业人员主要的工作方向之一。中国传统文化深厚的历史淀积和青年人对新鲜事物的追求，都推动了传统民间文化的发展，对传播中国艺术文化、传统文化，繁荣艺术产业，提升国民审美意识及建设文化自信等方面发挥着重要作用。伴随着插画艺术的蓬勃发展，并受到"体验设计"趋势的影响，消费者对传统文化、插画设计提出更多的情感诉求。因此，插画设计必须注重情感表现，才能在传统文化时代立足。

中国文化历史悠久，博大精深，源远流长，跨越了五千多年的历史，武强年画就是在这片土地上孕育成长的文化，是河北传统民间艺术的主要形式之一。武强年画经历了数百年的积淀，其题材种类丰富，构图和谐饱满，色彩艳丽丰盈，内容造型夸张，艺术风格独特，多采用象征手法表现吉祥寓意，承载着当地百姓对美好生活的向往和憧憬，是人们在情感上的寄托，是中国传统艺术文化的宝贵财富。年画等民间传统文化不仅满足了人民日益增长的精神需求，还产出了经济、文化等多方面的价值。而插画是文创设计的重要组成部分，能够帮助武强年画展现出自身特性，增强其情感性、信息性、民族性等特点。

作者发现了武强年画与插画设计结合的可能性，遂尝试将武强年画以插画的形式表现出来。具体来说，就是对武强年画进行变形、提炼、重组，运用到插画设计上，增加创意性与美观性，使之更加切合当代人的精神需求与审美需要，目的在于增强人们对中国传统民间文化的认识，提高对武强年画的关注度，领会其中丰富的文化内涵。

武强年画无论是题材还是艺术手法都繁杂多样，此次设计把当下的时事热点作为刻画的主要内容，立足于武强年画饱满丰富的色彩、夸张有力的造型、吉祥喜庆的寓意等基本特征，对传统武强年画图形元素进行解构、提取、再创新，弱化了一部分冗杂、老套的装饰元素，对人物刻画的笔法进行重新设计处理，在坚守传统武强年画基本笔法的基础上，大胆加进当代设计元素，鲜明地表达出武强年画的精髓。与此同时，在艺术手法上，较之传统武强年画，此次设计也在画面中增加了更多的层次感，使全画的视觉感受变得饱满、充实，也比原画更富于意境美。通过这些武强年画插画形象，让受众以独特的情感感受到属于他们的情怀。

武强年画文创插画的主要形象包括福娃、戳锤门神和戳刀门神等（图7-1）。

福娃常与荷花、荷叶、锦鲤等元素搭配组合，表现连年有余的主题，表达期盼吉祥的寓意。在中国历史上，画家们常常怀着年年有余、丰收吉祥的寓意来进行绘画。在图7-1中，"福娃"与锦鲤相互配合相互映衬，同时加上粉色的荷花、碧绿的荷叶进行衬托，在原有年画的风格基础上进行新的内容表达。该幅绘画把"锦鲤转运"作为描画主题，抓住

第 7 章　乡村文创设计案例分析

图7-1

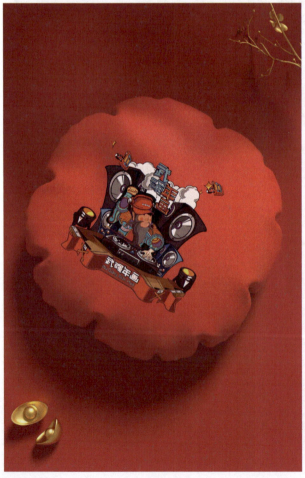

第 7 章　乡村文创设计案例分析

图7-1　朱鹏达创作的武强年画文创插画

当代青年祈盼未来美好生活的心理。主色调呈桃红色，搭配绿色和黄色，画面整体色彩还原并升华了武强年画原作。原色中国红、绿色、黄色等及其同色系色彩的运用使画面的层次更加丰富，表现力更为饱满、立体；以红色为主要色调的人物与鲤鱼占据全画的中心位置，与浅色背景拉开了空间距离，形成了强有力的对比，同时也加入一些高亮度，使画面对比更加热烈活泼。在造型上，作者塑造了圆满丰腴而微微含笑的人物形象，在莲花荷叶的周边加入了有吉祥寓意的祥云图形元素进行点缀，在对画面起到了装饰作用的同时又能够烘托主题。

戳锤门神插画设计旨在表现门神淡定自若的心理和英勇非凡的性格特征。设计摒弃了驱鬼辟邪的传统内容，简化了原本烦冗的人物造型，通过线条将门神形象勾勒得饱满、圆润，使原本面部狰狞的神态变得和蔼可亲，也保留了武强年画中门神英勇善战的精神状态。在刻画过程中，原画里较为烦琐的胡须部分被归纳成了三角状的几何形状，摒弃了细枝末节的线条，将门神脸部原来复杂交织的线条进行简化，最终整合成近似于圆形的外轮廓，同时对门神浓重的眼眉也进行了别致的几何形刻画。作者通过人物形态、须发、服饰的简练刻画，让神形象个性鲜明，让人们在观看年画的同时能够产生亲和、愉悦的心理感受，强化了年画的艺术特色和情感表现，丰富了武强年画的情感价值。

戳刀门神插画设计以购物、游戏为主题，描绘出在网上激情冲浪的门神形象。在人物造型上保留武强年画雄强的艺术特色，对原本烦琐的线条进行了简化。画面中的游戏机以及购物袋代表年轻人的行为特征。采取这种插画形式，意在让年画与年轻受众群体建立起情感联系，以更好地发扬和传承年画文化。

在将武强年画插画延展为文创衍生品时，主要考虑美观性、实用性和趣味性因素，目的在于迎合现代人的日常应用和审美。文创衍生品的类别按照居家生活类、数码产品类、学习类、书籍装帧类、产品包装类、体育类等进行整理，如居家生活类包括抱枕、书包、T恤和台历。这些生活中随处可见的物品，无论室内起居还是室外旅行都是不可缺少的。系列文创插画衍生品让武强年画走入千家万户，为受众带来独特的艺术体验，进一步推动了武强年画文化的发展与传播。

7.2 水浒文创插画设计

《水浒传》是中国古典四大名著之一，流传极广，脍炙人口，是汉语言文学中具备史诗特征的作品之一，对中国乃至东亚的叙事文学都有深远的影响。

随着水浒传说被列入山东省省级非遗名录，梁山县开始重点考虑以水浒文化为主的地域文化，想要打造出以水浒文化为主的具有当地特色的旅游文创产品，促进当地旅游经济效益。以水浒人物的性格特征作为切入点，与现代创意元素相融合，可以将水浒文化进行创新性表现，设计出一系列符合市场需求的"水浒文化"特色旅游文创插画，从而使水浒非遗文化得到保护与流传（图7-2）。

此次文创插画设计首先将水浒人物特征提取出来，然后通过抽象变形的方法，加以创

图7-2　李俊华创作的水浒文创插画

意表现。根据不同的人物性格，进行不同的色彩设计。如表现黑旋风李逵的插画，色彩主要运用黑色和棕色，彰显出其勇猛霸气、皮肤黝黑的特点。再如"智多星"吴用的道袍为金黄色，表现其足智多谋。此外，人物配饰的设计也非常重要，配饰可以表现出独特的人物性格,使插画的形式更加丰富有趣。

水浒文创插画是将水浒文化中不同人物的独特性格提炼出来,找出具有代表性的符号,并且与大众喜欢的现代时尚元素相结合,设计出新颖且与传统人物画不同的水浒文创插画,再将其制作成各种游客喜爱的旅游纪念品和生活用品,提高梁山县水浒文创产品的形象,既利于水浒文化的推广,也推动当地旅游经济效益的增长。游客可以通过这些插画更好地了解水浒人物的性格特点,从而增加对水浒文化的了解,体验到中国传统文化的魅力。

7.3 日本 KIKOF 餐具设计

日本的陶瓷器历史非常悠久,可追溯到绳文时代。距今大约13000年前的绳文土器,被视为日本最初的陶瓷器。从平安时代后期开始,陶瓷器制造业逐渐兴盛,日本各地广建窑厂,以六个地区最为兴盛,包括冈山县的备前烧、爱知县的濑户烧与常滑烧、滋贺县的信乐烧、福井县的越前烧以及兵库县的丹波烧,合称为六古窑。

六古窑之一的信乐烧发源于滋贺县琵琶湖畔的信乐町。信乐黏土属于典型的玄武岩风化的一次黏土,颗粒较粗,含铁量较少,白度高,土内混有大小不一的石英和长石颗粒,因此胎的肌理常常给人以岩石般的天然感觉。由于各种石英砂粒的收缩率与胎泥之间的差异,成品胎体往往有石子喷薄而出的现象,被称为"爆石"。另外胎体表面的长石熔解后,会形成乳白色颗粒或孔洞。这些都使得信乐烧具有独特的肌理和质感。

现代的信乐烧在工艺和形式上有了一定的改进,但基本的形态却几乎没有改变。它们继承了传统陶器古朴的美学,但在视觉上却没有令人眼前一亮的改变。也正因缺乏革命性的改变,信乐烧的市场和工艺在不断地萎缩和衰退。

京都立命馆大学的教授佐藤典司先生目睹了琵琶湖畔各种工艺的衰落而痛心不已,因此主导了"母亲湖产品"(Mother Lake Products)项目,并立下大志:"在孕育生命的琵琶湖畔,由我们这一代人开始,要产生一种新的生活方式。"由此,他邀请一批工坊向设计的方向进行探索和尝试,希望保留这个地区特色的工艺、食物、文化。2014年,设计事务所KIGI与该项目合作,共同创立了名为KIKOF的餐具品牌,推出使用信乐烧工艺生产的设计餐具(图7-3)。

第 7 章 乡村文创设计案例分析

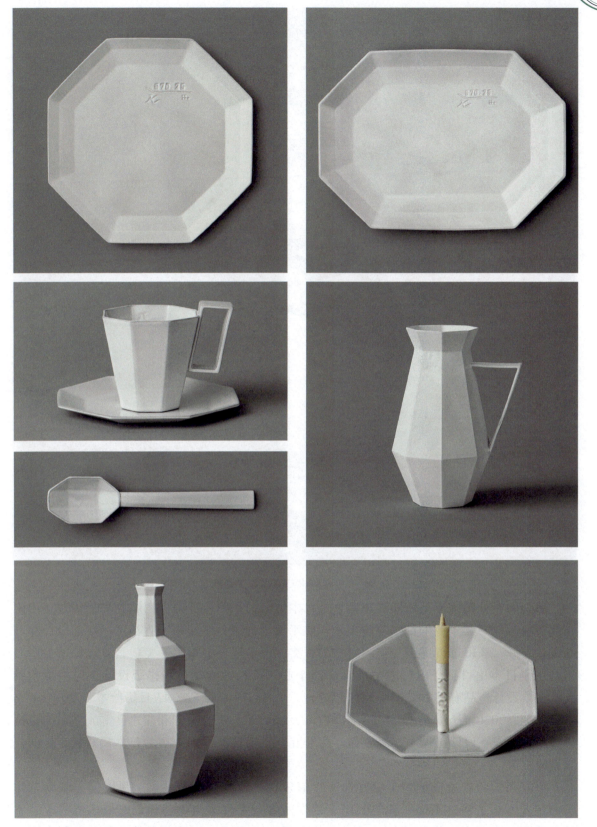

图7-3

乡村文创设计

图7-3　日本KIKOF日式陶瓷餐具

　　KIGI的设计师植原亮辅和渡边良重是日本知名的平面设计师。植原亮辅于1972年出生在北海道，1997年毕业于日本多摩美术学院平面设计系，多年来一直活跃于平面设计和产品设计领域，获得过日本ACD奖、纽约ADC奖、日本龟仓雄策奖等奖项。渡边良重于1961年出生于日本山口县，山口大学教育学部毕业，擅长插画设计和排版设计，风格清新雅致，主要设计作品有日本麒麟啤酒包装设计、*D-BROS CALENDAR*日历绘本、*Mirror Cup*（镜杯）、2020年*Hiroshima Appeals*海报等。2012年，植原亮辅和渡边良重成立KIGI设计事务所，两人在设计工作中相互合作，优势互补，现已将KIGI发展为日本最具代表性的视觉设计机构。

　　植原亮辅和渡边良重为了更好地了解信乐烧，在琵琶湖边住了一段时间，和陶艺作坊的工人一起生活、工作，参与到陶艺制作的每一个环节当中。他们对信乐烧的改造主要在造型和颜色上，借此营造出适合现代生活的透明感。由于两人是平面设计师出身，他们对造型的思考以纸为中心进行扩展，希望KIKOF的产品有轻薄如纸的视觉和触觉效果，最后决定以折纸为灵感进行产品制作。在决定水壶的形状时，考虑过六角形、八角形、十角形，最后选择了实用的八角形，以清晰的棱线打破传统的形状，表现崭新的造型，同时最大限度减少胚胎的厚度，表现当代日本纤细的审美。在颜色上，为了呼应"母亲湖产品"项目的本土化概念，他们从琵琶湖中吸取灵感，选取了早晨、午间、黄昏以及月夜映照湖面时的不同色彩，以清晨蓝、午间白、落日粉、月夜灰命名，确立了KIKOF产品的颜色。

2015年，KIKOF获得"东京ADC赏"最优秀奖。ADC是由东京艺术指导俱乐部创办，以广告和设计方面为主的奖项。这个奖项是日本产品设计、平面设计、商标、广告策划等领域的最高奖项之一。获奖提升了工作人员和项目开展的动力，KIKOF也得到了更多关注。2016年4月，KIKOF在米兰设计周国际展销会上展出，受到了海外传媒和多国人士的关注，极大提升了品牌的知名度。

7.4 日本铸心工房的铁壶设计

日本的茶道铁器以京都铁壶、南部铁壶、山形铁壶三大派别为代表。作为山形铁壶的代表性品牌，铸心工房结合传统日本铸造之美与现代功能于一体，以其独具匠心的设计、稳重大方的质感，深受日本铁壶爱好者的推崇。

山形县位于日本本州岛北部，北、东、南三面环山，西面临日本海，是日本海路的交通枢纽。其面积居日本各县的第9位，森林覆盖率为72%，山脉众多，北有鸟海山，东有奥羽山脉，南有朝日山地、饭丰山地。全县分为村山、最上、置赐和庄内4个地区，属海洋性气候，四季分明。铁器铸造是山形县的传统工业，历史悠久。平安时代后期，源赖义将军受命平定奥州，转战山形，与源赖义将军一起随军参战的铸物师发现流经山形的马见崎河的泥沙及附近的泥土非常适合制作铁器铸物，于是就留在了那里，开始了铁器手工艺品的制作。山形县作为铁器产地慢慢发展起来。到了江户中期，铸造技术日渐成熟，从制造锅、壶等日常生活用品，发展到可以制造大型铸物如佛像、寺院的大钟、灯笼等。到了明治时期，可以制作铁瓶、茶壶等工艺品。到了大正时期，日本全国开展机械化生产，铸造机械领域也在飞速发展，山形县的铜町地区成为机械化和手工业共存的产地。随着时间的积累，当地出现了很多能工巧匠，江户中期制作寺院大钟的名匠庄司清吉和佐藤金十郎、明治时期制作灯笼的名匠小野田才助、人间国宝茶之汤釜的作者高桥敬典等都是其中的典范。各个时代的能工巧匠用传承下来的精湛技艺提高了山形铸物的声誉。每个山形铸物均要经过六七十道工序手工完成。1975年，山形铸物中的茶壶、铁瓶、铁锅等生活工艺品被日本经济产业省指定为国家传统工艺品。

在山形从事铸造工作超过20年的增田尚纪，希望将山形承载匠人热情与文化底蕴的工艺发扬出去，向世界传达融合传统技法与现代技艺的日本制造之美，"铸心工房"便这样成立了。其推出的茶器延续了山形铸物"薄肉美丽"的特色，也融合了简约现代的造型语言（图7-4）。铸心工房因此被誉为山形铸物的传承者。

第 7 章　乡村文创设计案例分析

图7-4

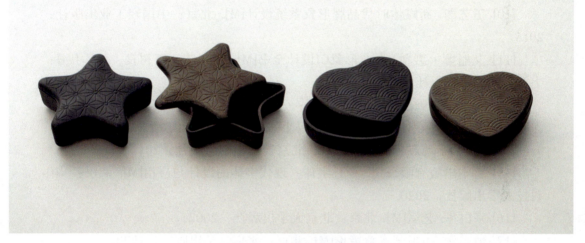

图7-4　日本铸心工房产品

　　山形铁器的工匠发明并使用"薄肉铸物技术",是因为山形当地缺乏铁矿,为避免浪费材料,薄化器壁的技术得到不断发展,反而构成工艺品的特点;"美丽"则是娴熟技艺带来的造型之美,可自由着色的特点带来的色彩之美,与马见崎川的沙为其带来的纹理之美。增田尚纪师从著名设计师芳武茂介,沿袭了减法的设计原则,去除作品中不必要的元素,令作品拥有素雅干净的样貌。他想让更多人了解融合了传统工艺和新技术的日本制造的魅力,因此学习传统技法并使其不断进化。增田尚纪说:"日本的传统工艺依靠的是自然的材料和土地的恩惠,匠人从自然中学习美并孕育出新的设计。经过时间的流逝,所制造的东西最后会回归土地。设计和人的活动都存在于自然这个系统中,是铸心工房进行产品制作的原则,也是希望向受众传达的精神。"他认为有文化内涵、富有创造性的产品可以用3个S来概括,即Soul(灵魂)、Society(社会)、Soil(土地),而铸心工房的铁壶很好地契合这些要素。

参考文献

[1] 周承君，何章强，袁诗群. 文创产品设计[M]. 北京：化学工业出版社，2019.

[2] 丁伟. 文创设计新观[M]. 北京：北京理工大学出版社，2018.

[3] 沈婷，郭大泽. 文创品牌的秘密[M]. 南宁：广西美术出版社，2019.

[4] 曾蓉. 从文化视角探索乡村振兴的发展之路[M]. 北京：经济管理出版社，2019.

[5] 张勇. 乡村振兴战略规划[M]. 北京：中国计划出版社，2018.

[6] 费孝通. 乡土中国[M]. 上海：生活·读书·新知三联书店，2013.

[7] 钱穆. 中国文化史导论[M]. 郑州：河南人民出版社，2017.

[8] 梁漱溟. 乡村建设理论[M]. 上海：上海人民出版社，2006.

[9] 席涛，戴文澜，胡茜. 品牌形象设计[M]. 北京：清华大学出版社，2013.

[10] 王艺湘. 新媒体时代品牌形象系统设计[M]. 北京：中国轻工业出版社，2015.

[11] 艾丽娜·惠勒. 企业形象CI设计全书[M]. 张玉花，王树良，译. 上海：上海人民美术出版社，2021.

[12] 徐适. 品牌设计法则[M]. 北京：人民邮电出版社，2019.

[13] 王建辉. 标志设计[M]. 北京：人民美术出版社，2016.

[14] 郦亭亭. 动态标志[M]. 北京：北京美术摄影出版社，2016.

[15] 善本出版有限公司. 今日字体：现代字体的设计与应用[M]. 武汉：华中科技大学出版社，2020.

[16] 宗白华. 艺境[M]. 北京：北京大学出版社，2002.

[17] 蒲震元. 中国艺术意境论[M]. 北京：北京大学出版社，1999.

[18] 张鸿博，张蒙. 插画设计[M]. 北京：清华大学出版社，2011.

[19] 秦宗财. 定位理论视角下乡村文创品牌塑造的方向和路径[J]. 深圳大学学报，2019（5）.

[20] 李文嘉，代雅茹. 符号学视域下的艺术介入乡村多维路径探究[J]. 创意与设计，2019（5）.

[21] 巩淼森. 农业和乡村经济新业态与设计价值[J]. 装饰，2022（1）.

[22] 闫承恂. 非遗赋能背景下辽宁乡村文创品牌设计创新研究[J]. 艺术科技，2022（1）.

[23] 尚会琴，闫承恂. 基于地域文化的庆阳香包文创产品设计探究[J]. 美术教育研究，2021（14）.

[24] 李文嘉，高瑶瑶，张再瑜. 认知叙事视域下乡村文创产品创新策略研究[J]. 包装工程，2021（20）.